时代印记

王志艳◎编著

罗斯福

延边大学出版社

图书在版编目（CIP）数据

寻找罗斯福 / 王志艳编著 . —延吉 : 延边大学出
版社，2013.8(2020.7 重印)
ISBN 978-7-5634-5914-8

Ⅰ . ①寻… Ⅱ . ①王… Ⅲ . ①罗斯福，A.
E.（1884 ~ 1962）—传记—青年读物②罗斯福，
A.E.（1884 ~ 1962）—传记—少年读物 Ⅳ .
① K837.127=5

中国版本图书馆 CIP 数据核字 (2013) 第 210654 号

寻找罗斯福

编著：王志艳
责任编辑：孙淑芹
封面设计：映像视觉
出版发行：延边大学出版社
社址：吉林省延吉市公园路 977 号　邮编：133002
电话：0433-2732435　传真：0433-2732434
网址：http://www.ydcbs.com
印刷：唐山新苑印务有限公司
开本：690×960　1/16
印张：11 印张
字数：100 千字
版次：2013 年 8 月第 1 版
印次：2020 年 7 月第 3 次印刷
书号：ISBN 978-7-5634-5914-8
定价：29.80 元

前言

历史发展的每一个时代，都会有对后世产生巨大影响的人物，都会有推动我们前进的力量。这些曾经创造历史、影响时代的英雄，或以其深邃的思想推动了世界文明的进步，或以其叱咤风云的政治生涯影响了历史的进程，或以其在自然科学领域中的巨大成就为人类造福……

总之，他们在每个时代都留下了深深的印记，烙上了特定的记号。因为他们，历史的车轮才会不断前进；因为他们，每个时代的内容才会更加精彩。他们，已经成为历史长河的风向标，成为一个时代的闪光点，引领着我们后人走向更加深邃的精神世界和更加精彩的物质世界。

今天，当我们站在一个新的纪元回眸过去的时候，我们不能不提起他们的名字，因为是他们改变了我们的世界，改变了人类历史的发展格局。了解他们的生平、经历、思想、智慧，以及他们的人格魅力，也必然会对我们的人生产生深刻的影响。

为了能了解并铭记这些为人类历史发展做出过巨大贡献的人物，经过长时间的遴选，我们精选出一些最具影响力、最能代表时代发展与进步的人物，编成这套《时代印记》系列丛书，其宗旨是：期望通过这套青少年乐于、易于接受的传记形式的丛书，对青少年读者的成长产生潜移默化的影响，使他们能够从中吸取到有益的精神元素，立志奋进，为祖国、为人类作出自己的贡献。

前言

　　本套丛书写作角度新颖，它不是简单地堆砌有关名人的材料，而是精选了他们一生当中最富有代表性的事迹与思想贡献，以点带面，折射出他们充满传奇的人生经历和各具特点的鲜明个性，从而帮助我们更加透彻地了解每一位人物的人生经历及当时的历史背景，丰富我们的生活阅历与知识。

　　通过阅读这套丛书，我们可以结识到许多伟大的人物。与这些伟人"交往"，也会进一步提高我们的思想品格与道德修养，并以这些伟人的典范品行来衡量自己的行为，激励自己不断去追求更加理想的目标。

　　此外，书中还穿插了许多与这些著名人物相关的小知识、小故事等。这些内容语言简练，趣味性强，既能活跃版面，又能开阔青少年的阅读视野，同时还可作为青少年读者学习中的课外积累和写作素材。

　　我们相信，阅读本套丛书后，青少年朋友们一定可以更加真切、透彻地了解这些伟大人物在每个时代所留下的深刻印记，并从中汲取丰富的人生经验，立志成才。

导　言

Introduction

富兰克林·德拉诺·罗斯福（1882—1945），20世纪最伟大的美国总统，也是美国历史上唯一蝉联四届（第四届未任满）的总统。20世纪的经济大萧条和第二次世界大战中，罗斯福扮演了重要的角色，被学者评为美国最伟大的三位总统之一，同华盛顿和林肯齐名。

1882年，罗斯福出生于美国纽约州赫德逊河畔海德公园村的荷兰裔望族家庭。童年时代的他生活优裕，但同时又受到了严格而充满爱抚的训导。而频繁地跟随父母到全国和欧洲各地旅游，又让他自幼便见多识广，由此也培养了他对船舶和海上旅行的热爱。

4年的哈佛求学生涯，给罗斯福带来的那种潜移默化而又全方位的影响令他受益终生。1905年，罗斯福与远房亲戚、美国第二十六任总统西奥多·罗斯福的侄女埃莉诺·罗斯福结婚。在分享总统荣耀和某些优越条件的同时，一条平行延伸的轨道——在仕途上与"总统表叔"比肩看齐——不期而至，并从此横亘在罗斯福的意识深处。

凭借着自己的锐意进取和顽强抗争，以及对事业所抱有的沉静而绝对的自信，罗斯福一步步从纽约州议员、助理海军部长、纽约州州长最终走向了美国总统的宝座。

在39岁的壮年之时，罗斯福不幸患上了脊髓灰质炎（小儿麻痹症），从此终生与支架和轮椅为伴。面对命运的劫难，罗斯福坚毅不屈，将这飞来横祸当成是冥冥之中早已预定的命运之约。这种柔韧、绵长而坚定的信念让他永远保持梦想，政治明星的职业末日感也随之消解。

1929—1933年的美国经济大萧条为罗斯福一展抱负提供了壮阔的出场布景。千百万孤苦无依的美国人民，在寒冷的冬日里听到了一个清晰而有力的声音——"我誓为美国人民实行新政"。

罗斯福的两度实行"新政"，不仅挽救了美国的资本主义制度，还调整了它的内在结构和运行机制，对缓解经济危机、促进经济复苏起到了一定的作用。

第二次世界大战爆发后，罗斯福再次被推向举世瞩目的历史舞台。他以极大的智慧和耐力将一个有着悠久孤立主义传统的美国逐步转变为反法西斯联盟的强有力支柱。

美国参战后，作为美利坚合众国武装部队的总司令，罗斯福运筹帷幄，统驭全局，促进了国际反法西斯联合战线的建立。他的视野还越过战争的硝烟而投向未来，将自己的梦想寄托在战后世界和平组织之上。他成为联合国的缔造者。

1945年4月12日，在德国希特勒投降前夕，罗斯福因突发脑溢血病逝。

本书从罗斯福的儿时生活开始写起，一直追溯到他所创立的伟大事业及所取得的辉煌成就，再现了这位美国连任四届的总统具有传奇色彩的一生，旨在让广大青少年朋友了解这位伟大政治家不平凡的人生经历，学习他那种坚毅、勇敢、正直，为人类和平事业勇于战斗的崇高精神。

目 录

contents

时代印记　目录

1

第一章　无忧无虑的望族少年

　　做伟大的事情，享受骄傲的成功，哪怕遭遇失败，也远胜过与既不享受什么、也不承受什么痛苦的可怜虫为伍，因为他们生活在不知道胜利和退败为何物的灰暗混沌地带。

——罗斯福

（一）

　　在美国历史上，有两位姓罗斯福的总统，一位是第二十六届总统西奥多·罗斯福，另一位是他的本家侄子，第三十二届总统富兰克林·德拉诺·罗斯福。他们虽然属于不同的支系，但都属于荷兰移民。到富兰克林·罗斯福出生时，罗斯福家族已经有几代人在赫德逊河畔生活了。

　　赫德逊河是17世纪初以其发现者、英国航海探险家亨利·赫德逊而命名的河流。它的源头可以追溯到毗邻加拿大的纽约州北部，全长近800多千米，在流经奥尔巴尼后蜿蜒南下，纵贯纽约市区，注入大西洋。

　　在17世纪初，荷兰移民纷纷沿着赫德逊河在河谷两岸定居，建立了新尼德兰殖民地。大约在1643年前后，有一位名叫克拉斯·马腾森·范·罗森菲尔德的荷兰人，随着移民潮来到了新阿姆斯特丹（今纽约市）登陆，随后在附近定居下来。

　　随着岁月的流逝，故乡荷兰那个濒海的罗森菲尔德村已经逐渐在移民者脑中模糊。罗森菲尔德这个荷兰发音的姓氏也在北美这个移民大熔炉中逐渐变成了罗斯福。

克拉斯的儿子尼可拉斯生有两个儿子，长子约翰尼斯是罗斯福家族的第一支系始祖，世居在纽约奥伊斯特湾，这一支系的第五代子孙中，便出了西奥多·罗斯福（1858—1919），成为美国第二十六任总统；次子雅各布斯为罗斯福家族第二支系的始祖，后来定居在海德公园村。富兰克林·罗斯福就是这一支系的第六代子孙。

定居在赫德逊河畔的罗斯福家族几乎都有一个共同的特点，就是头脑灵活，视野开阔。他们经过辛勤的劳动，日子过得都不错，有的甚至还爬上了社会的高层，成为殷实的富户。

在雅各布斯这一支系中，长子都一直沿用着艾萨克—詹姆斯—艾萨克—詹姆斯这样的交替命名法。雅各布斯的儿子艾萨克是个精明能干、头脑机灵的人。在西奥多·罗斯福进入白宫之前，他是这个家族中最具有名望的人。他是个银行家、实业家和政治家，并因为婚姻关系而成为贵族中的一员。

不过，他完全不同于他那一等级中仍然效忠于英国乔治三世的许多人。为了美国的独立事业，他甘愿冒牺牲生命和丧失财产的安全，在纽约地方议会中任职，成为代表该市的最初两个州参议员之一。美国独立后，他还积极支持宪法，成为争取批准宪法的先锋。

艾萨克的长子詹姆斯·罗斯福也是一位较有成就的人，曾以北部联邦同盟盟员的身份进入纽约州议会，担任过一届议员。不过，他的主要业务是在普鲁斯特一带经营制糖业和银行，同时兼营牧马业，还在赫德逊河河谷从事土地投机生意。

詹姆斯·罗斯福的儿子艾萨克·罗斯福第二，也就是富兰克林·罗斯福的祖父，是个生性淡泊、与世无争的人，曾在普林斯顿大学攻读医学和植物学，毕业后便醉心于植物学和养马，成了一名富裕而悠闲的乡绅。

艾萨克·罗斯福第二的第二个儿子，即詹姆斯·罗斯福第二，也就是富兰克林·罗斯福的父亲，1828年生于海德公园村，1847年毕业于联邦学院。

青年时代，詹姆斯是个思想激进、富有朝气、崇尚自由的浪漫主义者。在刚刚20岁时，他便在母亲的支持下，于1848年在动荡的欧洲进行了一次重要的旅行。当时，正值加里波第的"红衫军"为意大利摆脱奥地利的控制而苦苦争斗，詹姆斯义无反顾地加入到"红衫军"中，帮助正义者战斗了一个多月。

在回到家乡后不久，詹姆斯就进了哈佛大学法学院，并于1852年完成学业，成为罗斯福家族中从哈佛大学毕业的第一人。

此后，詹姆斯弃法从商，成为一名典型的纽约商人，主要经营煤炭和铁路运输业务。他还担任德拉维尔—赫德逊运河公司的副董事长，以及几家较小运输公司的董事长和其他一些公司的董事。他的商业收益令他可以维持他那在海德公园村家族的浩大开支。

可以说，詹姆斯·罗斯福当时所拥有的财富和地位达到了海德公园村罗斯福家族的顶峰。身为民主党人，他还资助过格罗夫·克利夫兰的竞选，与克利夫兰私交甚笃。作为回报，克利夫兰欲委任詹姆斯为驻荷兰公使，但却为无意于仕途的詹姆斯所拒绝。他始终都过着自由、悠闲的乡绅生活。

（二）

1853年，28岁的詹姆斯与22岁的丽贝卡·霍兰结婚，次年生下一个儿子罗西·罗斯福。他就是富兰克林·罗斯福同父异母的兄长。

1876年，丽贝卡溘然长逝，詹姆斯非常伤心。从此，海德公园的美丽夜晚不免变得有些冷清、单调。好在詹姆斯生性乐观，热爱生活，儿子罗西也于1877年以优异的成绩从哥伦比亚大学法学院毕业，随后又娶了艾斯特夫人的女儿海伦·艾斯特为妻。

1880年春，詹姆斯在奥伊斯特湾支系老西奥多·罗斯福（西奥多·罗斯福的父亲）家中举行的一个小型晚会上，遇到了美丽的萨拉·德拉诺。成熟儒雅、风趣幽默、健康且显得很年轻的詹姆斯很快就博得了萨拉小姐的欢心。两人几乎是一见钟情。

萨拉·德拉诺的父亲沃伦·德拉诺是一位远近闻名的富商，30岁以前在中国做生意发了财；她的母亲凯瑟琳·莱曼出身于马萨诸塞州的另一个望族。沃伦在发财后，便在赫德逊河西岸纽堡附近买了一处名为阿尔戈纳克的庄园。1854年，萨拉就出生在这里。

萨拉自幼就生活在优雅舒适的环境当中，受到过良好的学校教育。她雍容华贵、落落大方，对美国上流社会的生活也十分熟悉。因此，当詹姆斯第一眼见到萨拉时，就被她深深地迷住了。

1880年10月，詹姆斯与萨拉在萨拉·德拉诺的家园阿尔戈纳克庄园举行了婚礼。在经历了几个月风光旖旎的欧陆之旅后，两人回到海德公园舒适的家中。

这一年，詹姆斯52岁，萨拉26岁，正好与詹姆斯的长子罗西同龄。

回首当年，萨拉认为她那次到纽约的老西奥多·罗斯福家中做客是她一生中最为重要的一件事。后来，她曾对儿子富兰克林·罗斯福说：

"如果我当时不去那里，我现在可能还是一个孤寂一生的'老女人德拉诺'。"

但是，她独守空闺并不是因为无人前来求婚。按照她父亲的说法，"年轻人络绎不绝地向她求爱"。但在父亲看来，这些要娶他女儿的人根本都配不上她。他们不是太年轻，就是年纪太大，或者缺乏社会地位、名望，要不就是觊觎她将来要继承的100万美元遗产才来追求她。

只有詹姆斯·罗斯福是个例外。萨拉对詹姆斯一见面就产生了好感，并深深地爱上了他，而且忠贞不渝。

1882年1月30日上午8点，詹姆斯与萨拉的爱情结晶降临了。在临产时，萨拉母子险遭不幸。波基布希市的爱德华·帕克医生给萨拉注射了过量的氯仿进行麻醉，致使萨拉不省人事。而婴儿生下来后，也因昏迷过度而脸色发青，医生连打几下臀部都没有哭声。无奈之下，帕克医生只好对婴儿进行人工呼吸，才令婴儿苏醒过来，随即发出一阵清脆的哭声。

后来，萨拉也渐渐苏醒过来。一场虚惊后，母子平安。

当天晚上，詹姆斯愉快地在他的日记中记道：

"我的萨拉生下了一个胖胖的男婴，非常可爱，体重10磅，不算衣服。"

这个男孩是他的父亲在54岁时得到的"老来子"，因此备受父母的宠爱。这种宠爱在夫妇二人为孩子取名时便得到了充分的体现。

詹姆斯希望孩子的名字应该按其父名叫艾萨克，以维持从1692年以来罗斯福家族他这一支从詹姆斯到艾萨克的循环；而萨拉则坚持要以自己的父亲的名字为孩子取名为沃伦·德拉诺。

夫妻俩为此争论不休，以至于孩子出生两个月了还没有名字。直到1882年3月20日，婴儿在海德公园村的圣詹姆斯主教派教会的小教堂举行洗礼时，才被命名为富兰克林·德拉诺·罗斯福。这是萨拉最喜爱的一位伯父富兰克林·休斯·德拉诺的名字。

（三）

富兰克林·罗斯福的童年时代愉快而安宁。良好的家庭环境为他的成长提供了优裕的条件。家里的住宅舒适而宽敞，房顶上还有一个可以眺望大海的平台，围绕着整栋房子的是修剪整齐的花坛、草坪和各种高大的树木。

小富兰克林的婴儿房设在三楼，透过窗户就可以看到远处美丽的风景。他也会常常被母亲抱上楼顶的平台，眺望赫德逊河的美丽景致和湛蓝的大海。

整个赫德逊河河谷肥沃的土地都只归纽约州十几家名门望族所有。罗斯福家的邻居也大多都是实业界的头面人物，如范德比尔特、罗杰斯、艾斯特、奥格顿等，都住在附近。富兰克林小时候经常与这些人家的孩子一起玩耍。

同父异母的哥哥罗西比富兰克林大28岁，常常给予他父亲一般的呵护。不过不久后，他就去了维也纳大使馆担任秘书工作，圆了他做外交家的梦。

家中除了父母外，还住着家庭教师、保姆、女仆、厨师、车夫、马童、雇工等，出入的大都是同罗斯福家族和德拉诺家族关系密切的人。丽贝卡去世后，曾一度冷清的海德公园再次热闹起来，这也让小富兰克林从小就没有感到过孤单。

小富兰克林长着一双碧蓝的大眼睛，鼻梁挺拔端正，一头金色的卷发，穿着德拉诺家族沿袭下来的苏格兰式短裙和黑天鹅绒童装，显得英俊而神气，很招人喜欢。

在年幼的富兰克林眼中，父亲和蔼可亲，宛如一个知心的导师和游伴，对他提出的各种古怪问题简直是无所不知。父亲举止文雅，留着满脸的络腮胡子，穿着带马刺的靴子，头上戴着一顶圆顶硬礼帽，手中拿着短柄的马鞭，并且手头总有500美金。这一切都对小富兰克林产生了极大的吸引力，所以他总是喜欢缠着父亲一起玩耍。

在整个童年时期，罗斯福同父母待在一起的时间都要大大多于同周围的孩子们一起玩耍的时间。每到夏天，他就会跟着父亲一起去巡视庄园、骑马、打猎，或者在赫德逊河边钓鱼、游泳、划船。每天，他还会步行到村口取邮件。那里除了有近期的报纸外，还有他爱看的各种儿童画报和画册。

一入冬，他就和伙伴们一起跑到赫德逊河畔去观看大人们把大块大块的冰从河里拉上岸来，然后一路吆喝着运回各自家中的冰窖。他还喜欢穿着新的雪靴与父亲一起到河面上溜冰、划冰船、滑雪橇。有一只雪橇据说还是当年俄国人专门为拿破仑三世定做的，后来在1861年时被詹姆斯从巴黎购买后运回美国。

在很小的时候，富兰克林就学会了骑马。到7岁时，他就拥有了一匹属于自己的小马。他的父亲还送给他两只小狗作为生日礼物，小狗的喂养都由他自己完成。

等他稍微长大一点时，父亲又从欧洲给他买回来高尔夫球，让他练习玩耍。

年老的父亲就像祖父一样爱着小富兰克林，却不像祖父那样惯着他、宠溺他；而他年轻的母亲也像其他母亲那样，非常喜欢这个聪明可爱的独子，但也没有宠坏他。詹姆斯和萨拉都深知，只有通过严格而充满爱抚的教导和训练，才能引导孩子健康成长。所以，萨拉为孩子的成长制定了各项训练计划，认为这是一项旨在"使富兰克林心灵纯洁高尚的计划"，而且从不姑息富兰克林的任何过错。

小富兰克林爱发脾气，萨拉觉得这个习惯很不好。于是，以后当富兰克林准备发脾气时，她就不再陪他玩了，并且告诉他，如果他不学会乖乖认错，她就再也不和他一起玩。渐渐地，小富兰克林改掉了自己的这个坏毛病。

这样做看起来似乎有些不近情理，但对富兰克林的成长却是大有好处。正如萨拉所说的那样，她的计划是"在做法上让富兰克林从未意识到他不是在按照自己的爱好行事"。

在整个童年，富兰克林都需要符合母亲规定的各项标准。萨拉和富兰克林之间存在着一种温暖体贴的关系，她给他以安全感和充分的信心，赋予了他那终生保持着的威严不可侵犯的气度。

（四）

在父母的认真教育和严格要求下，富兰克林还培养了多方面的兴趣，并积累了丰富的知识。在11岁时，富兰克林已经收集了3000多种飞禽标本，而这些飞禽都是他自己用猎枪打下来的。他还能很准确地说出赫德逊河两岸的树林中有哪几类鸟。

他的外祖父沃伦·德拉诺见富兰克林喜欢鸟类，非常高兴，特意给他弄到了一个美国自然历史博物馆终身馆员的资格。这样，富兰克林就能随时到博物馆中参观。

富兰克林的另一个爱好是收集邮票，这一爱好在他8岁时就已初露端倪。他着迷地收集各种邮票，陶醉于将世界各国的邮票都收纳在自己的集邮簿中。

当舅舅弗雷德发现富兰克林非常认真地摆弄着他那少得可怜的邮票时，就将自己珍藏多年的集邮簿送给他，作为他9岁的生日礼物。这让富兰克林非常高兴。后来，父母经常带他远游欧洲，他的集邮范围也日渐广阔，其范围之广、价值之高，几乎达到了惊人的地步。而且，这一爱好也成为他的终生爱好，从未间断。

从富兰克林3岁开始，詹姆斯和萨拉就恢复了惯常的定期远游，带着他在欧洲度过整个冬季。次年4月，他们再一起返回赫德逊河畔。

在此后许多年里，詹姆斯和萨拉都继续带着富兰克林进行每年一次的欧洲之行。在14岁以前，富兰克林已经去过欧洲9次了，游览了欧洲的大部分地方。而且在这些年中，他每年都有几个星期的时间是在船上度过的。在7—14岁这个对知识吸收性最强的年龄段中，富兰克林懂得了许多关于英、法、德等国家的事情，并且像做游戏一样学习着各国的语言，成为美国历史上少有的能讲法、德两种语言的总统。

有了这样的经历，富兰克林的视野也得到了极大的开阔，懂得了他国人民的特性和才干。对他来说，谁也不是异邦之人，在他的心中渐渐形成了一种"世界情结"。而且，这种经历也培养了他的一种特性——可以很快领悟到亲眼看到的事物，不必像其他人那样，需要到书本中搜寻。

由于童年的独特经历，富兰克林对海上航行也产生了浓厚的兴趣，对童年的最早记忆就是跟随父亲乘船出海。这些经历加上多次欧洲之行，不仅让他掌握了驾船的技术，学习到了一位高明水手所必须具备的航海知识，还培养了战胜狂风恶浪的勇气。

当他的个子还没有长到父亲的那只15.5米长的"半月"号纵帆船驾驶盘那么高时，他就已经在船上掌舵了，甚至在刮风的时候也敢出航。16岁时，他就有了自己的小船——一只6.4米长的单桅快艇"新月"号。他曾驾驶着这只船勘探过芬迪湾多岩的海岸。

许多年后，当富兰克林当上了助理海军部长时，他发现自己年少时对这一海岸掌握的知识非常有用。有一次，在视察缅因州沿岸弗伦奇湾的海军设施时，他曾亲自驾驶一艘驱逐舰通过坎波贝洛与大陆之间的危险通道。他熟练的驾驶技术博得了海员们的一致称赞。

在这种养尊处优的家庭中长大，富兰克林可以说要什么有什么，一切都是现成的。然而，这并不是说罗斯福一家对于贫困就一无所知。他的家族具有为社会服务的良好传统，他的父母都深感自己对贫困不幸的人们负有义务，而且将这种义务感深深地印刻在孩子的脑海中。所以，罗斯福一家不仅对美国的上层社会有着广泛的了解，与下层民众也有多方接触。可以说，他们对政治有着特殊的敏感。

在富兰克林5岁那年，父亲詹姆斯带着他到白宫拜见自己的老朋友克利夫兰总统。总统想委任詹姆斯为美国驻荷兰的公使，但詹姆斯谢绝了这一任命。他说：

"总统先生，我是个胸无大志的人，我的主要愿望是使妻子萨拉幸福，还想着为我们的小儿子富兰克林今后美好而有益的一生打下一个基础。"

在富兰克林的记忆中，这位美国总统面容憔悴、心情抑郁，正在为国内的政治、经济难题而焦头烂额。当詹姆斯与儿子起身准备告辞时，克利夫兰抚摸着小富兰克林的头说：

"我的小朋友，我要向你表示一个奇怪的祝愿，那就是祈求上帝永远不要让你当美国总统。"

这句话在这个早熟的5岁孩子幼小的心灵中留下了深刻的印象，从而让他认识到入主白宫是一件非常不容易的事。

罗斯福出生后，很得父母的喜爱，但母亲从小就严格地教育他。小罗斯福在玩游戏时，总是习惯自己当赢家，母亲为了教育他，一次在玩棋类游戏时，母亲故意连赢儿子。小罗斯福很生气，摔掉了棋盘。母亲故意不理他，并坚持让他道歉。最后，小罗斯福在母亲的教育下学会了认输。

第二章　格罗顿公学的插班生

也许个性中，没有比坚定的决心更重要的成分。小男孩要成为伟大的人，或想日后在任何方面举足轻重，必须下定决心，不只要克服千重障碍，而且要在千百次的挫折和失败之后获胜。

——罗斯福

（一）

在富兰克林7岁时，父母就以极大的责任感和自信着手安排他的学习。当时，海德公园村有一所学校，但詹姆斯和萨拉不愿让儿子去同一般人家的子女那样接受普通的教育。

一开始，富兰克林在邻居罗杰斯家的一个由德国女教师主持的小班里学习。后来，詹姆斯不断为儿子请来家庭女教师和私人教师。第一位女教师莱因哈德负责教授富兰克林德语和小学课程，教学效果良好，富兰克林学习也很快。可惜的是，她后来因病住进了精神病医院。

接替莱因哈德的是来自瑞士的一位名叫米尔·丁·桑托斯的女教师，她负责每天教富兰克林学习6个小时的法语、英语和欧洲史。

具有一些模糊的社会正义感的桑托斯小姐设法让富兰克林的思想超出了家庭规定的范围，第一次让他了解到海德公园以外的广阔世界的苦难和纷扰。

在富兰克林10岁时，他写了一篇关于埃及的作文，其中写道：

"劳动者一无所有……国王要强迫他们干重活，可给他们的东西却少得可怜！他们濒临饿死的边缘，没有食物吃，没有衣服穿，大批大批地死亡！"

这时的富兰克林开始阅读大量的书籍，尤其喜欢读马克·吐温的作品。后来，他曾对人说：

"如果有人喜欢我的措辞和演讲风格的话，那么这在很大程度上是因为我长期阅读马克·吐温的作品，它们对我的影响比其他作家的作品对 我的影响都要深远。"

他还经常一个人待在楼上，专注地阅读那些已经读了很多遍的关于海洋的寓言故事，还有那些记录19世纪初捕鲸船的航海日志。

另外，母亲萨拉也经常指导儿子阅读一些内容严肃的书。在9岁时，富兰克林就认为在所有的杂志中，《科学美国人》是最好的，而通常在他这个年龄段的孩子是很难对这类杂志产生兴趣的。

在14岁以前，富兰克林接受的基本都是非正式的家庭教育，没有超越家庭的范围。只有一年，詹姆斯要到德国的一个海滨养病，他们全家到了那里，小富兰克林被送到一所红砖筑成的德国民族学校上了6个星期的课。德国老师对富兰克林的评价是"风度翩翩""聪明过人"。

到了1896年，富兰克林已经14岁了。通常来说，像他这样家境和年龄的孩子都已经读完7年的正规学校和2年的寄宿学校了。后来，母亲萨拉在回忆起富兰克林的童年时，深以未能早日让他入学为憾。

但是，人们通常认为是母亲萨拉不舍得儿子离开家去上学。最终，詹姆斯说服了萨拉，萨拉才勉强同意送儿子到学校去。

1896年9月，14岁的小富兰克林终于离开母亲的怀抱，进入一所寄宿学校读书。这所学校就是由斯迪克特·皮博迪博士创办的著名的格罗顿公学。

皮博迪博士1857年出生于新英格兰最富有的家族之一，毕业于英国剑桥大学。成年后，他不愿意随父亲进入工商界，而是在一个偏僻的矿区担任牧师。

1883年，他来到格罗顿——一所位于波士顿西北部64千米的小城镇。在这里，他创办了一所公学，类似于英国上流社会专门为富家贵族子弟进入名牌大学作准备的学校。

皮博迪的办学方针很特别，他强调为社会服务的精神，要求学生不要自命清高，而要投身到政治之中。他认为，学校的职责就是培养新的一批具有高度社会责任感的有教养的领导人，以扭转美国南北战争之后道德标准低落的情况。"心悦诚服地服务于上帝"是皮博迪博士传播的箴言，他向全国的社会名流子女们布讲这个服务福音——服务于上帝，服务于国家，服务于人类。他宣告：

"如果格罗顿学校的某些学生将来没有投身政界，为我们的国家作一些贡献，那不是因为他们没有受到激励。"

对富兰克林·罗斯福来说，除了自己的父母之外，对他影响最深的就是格罗顿学校了。在这里，他度过了4年的时间，而且终生都与校长斯迪克特·皮博迪博士保持着一种出自真挚与怀有敬慕之情的交往。正如他后来对皮博迪博士所说的那样：

"40多年前，您在老教堂讲道时谈到，在今后生活中不能放弃儿时的理想。这些理想就是格罗顿思想——是您教导的——我努力不将其忘记。您的话现在还铭记在我的心里。"

（二）

格罗顿公学学费高昂，规模不大，仅有150名学生左右，学制是6年，而且专收男生。但创建不久，它就与美国那些历史悠久的贵族子弟学校一样享有盛名了。

早在富兰克林·罗斯福刚刚两岁的时候，詹姆斯就在该校为他注册了。在富兰克林14岁时，詹姆斯设法让他插入该校的三年级，不必再从一年级读起。

格罗顿公学灌输的是强有力的基督教义，提倡斯巴达式生活。在海德公园的家中，富兰克林拥有一间可以俯瞰草坪的舒适房间；而在学校中，他寄宿在一间宽1.8米、长约3米的房间中。这里的房间中只有一些生活必需品，入口处挂着帘子代替门。

每天早晨7点钟，学生们就要准时起床，然后在宿舍监督的吆喝声中去洗冷水浴。不论什么季节，天天如此。

8点15分，孩子们要做早祷，接着去上课。一天的正餐是安排在中午，下午的其他时间也排满了课程和必须参加的各项体育锻炼。课程结束后，需要再洗一个冷水浴，然后穿上漆皮鞋去吃晚饭，接着是晚祷和自习。

皮博迪的教育思想体系一点儿也不复杂，他十分明确他的教育目的，就是他在给学生的训话中所说的那样：

"要培养出勇敢的基督性格，不仅重视智力发育，还要重视道德和体力方面的发展。"

他希望格罗顿公学的这些贵族子弟们将来能够成为社会的栋梁之才，造就一个"有行动、有信仰、思想健全的人"，而不是整天只知道冥思苦想的学者。

不过，格罗顿公学并没有刻意向学生们灌输或传授任何从事政治活动的专门本领。皮博迪校长号召全体教师们要积极对学生进行献身政治的劝勉，而且自己还以身作则。

皮博迪认为，政治是一项社会改革运动，参与者必须诚实，决不能与恶劣行径和腐败势力相勾结，这样国家政治才能"变得清明"。

显然，这些空洞的理论与当时美国政治严酷的现实是有很大差距的。而且它对罗斯福日后成为一位政治家所产生的影响，也未必有皮博迪后来所宣称的那么大。在格罗顿中学，富兰克林·罗斯福唯一学会的政治技巧似乎就是一种有力的辩论术。他和同学们经常就"美国海军应该扩大""夏威夷应归并美国""菲律宾应该独立"以及社会改良等议题，分成正反两方面展开辩论。

到了6年级的学术辩论会上，他已经掌握了一些不再是单纯从学理上和逻辑上进行辩论的窍门，并屡屡能够出奇制胜。

格罗顿公学的教学方法比较独特。虽然学校的宗旨是培养国家领导人，但奇怪的是，学校几乎不讲授有关美国的课程。教师们都十分卖力地让孩子们熟悉各种英文经典著作，每天晚上为他们诵读。

在第一学期，富兰克林学了拉丁文学、希腊文学以及法国和英国文学等，还有希腊和罗马的历史、代数、神学、自然科学等课程。

富兰克林的第一次成绩单显示，按标准的10分制计算，他得了较好的7.79分，在全班同学中名列第五名。

但是，他的体育成绩比较差。格罗顿公学是十分崇拜体育明星的。皮博迪校长认为，一个合格的学生应该是一位合格的运动家，应该有运动健将的拼搏精神和豪爽的风度。可富兰克林身材瘦高，体力也不能支持格罗顿盛行的橄榄球、篮球和划船等项目。他擅长网球、高尔夫、骑马和帆船驾驶等，但这些科目在学校里又不时兴。

不过，富兰克林可不是一个甘愿认输的孩子。他自行组织了橄榄球拉拉队，还自愿充当篮球队管理员。这样，他与学校中许多著名的球员关系密切起来。

在刚刚进入格罗顿公学时，富兰克林操着一口浓重的英国口音，而且有些不太合群。因为学校中还有一个年龄比他大，但名声不太好的侄子，因此同学们给他取了个绰号叫"富兰克叔叔"。

但富兰克林很快就学会了如何与同龄人相处，克服了一般插班生因突然面对全新环境而容易产生的那种羞怯、焦虑、失落等不适应症，从容不迫地进入了角色。他"冷静、沉着、聪明，脸上总挂着最热情的、最友好的和最充分体谅别人的微笑。"

在进校的第二年，富兰克林还获得了"严格守时奖"，老师们也很少给他记过品行不良。他尽量调整自己的一言一行，使之完全符合格罗顿公学的传统规范。因此，皮博迪校长在向富兰克林的父母报告时说：

"在我的印象中，他是个聪明和诚实的学生，也是个好孩子。"

（三）

1898年，美西战争爆发。受爱国热情所驱使，16岁的富兰克林打算从格罗顿溜走前去参军。他和一位名叫莱斯洛浦·布朗的同学听说波士顿正在招募海军，就决定前去投效。

他们同一个向学生售面包的小贩秘密商量好，让小贩开着货车到学校去，设法偷偷把他们拉出去，然后载到车站，最好能在学校当局未发现他们的去向之前平安地在波士顿报名投军。

可是，就在他们准备出发的前夜，几个孩子忽然传染上了猩红热，被隔离起来，失去了去参军的机会。

不过，富兰克林参战的愿望在另一个名叫罗斯福的身上得到了满足，他就是富兰克林的堂叔西奥多·罗斯福。在担任麦金利政府的助理海军部长一职时，西奥多·罗斯福对发展美国海军发挥了巨大作用。而且更加重要的是，他本人也曾亲赴前线。一时间，西奥多·罗斯福成为富兰克林心目中的英雄。

在格罗顿公学的几年中，富兰克林一直都遵照皮博迪教导的社会福音教义，积极参加各种宗教活动和慈善活动，还协助开办了照顾波士顿穷苦儿童的圣安德鲁斯儿童俱乐部，参加新罕布什尔州阿斯奎姆湖畔开办的夏令营等活动。

他还曾接受教会的指派，去照顾一位美国南北战争中的黑人英雄的遗孀，每周要去看望她几次，看她是否缺粮缺水，帮助她解决一些生活上的实际困难等。在富兰克林看来，这是一件愉快而意义的事。

1900年6月，富兰克林即将从格罗顿公学毕业了。在毕业典礼那天，西奥多·罗斯福州长驾临格罗顿公学，应邀作了一次鼓舞人心的演说：

"……一个人只要有勇气、有善意、有智慧，那么他所成就的事业就将是无限的。而当今我国的政治正需要这样的人才。"

西奥多·罗斯福精力旺盛，兴致高昂，他的演讲深深地吸引了台下的听众。他将自己对道德健全的热衷，以及对"紧张生活"的喜爱，传染给了这些美国青少年。

西奥多·罗斯福的演讲让富兰克林听得热血沸腾，他近乎崇拜英雄一般地带头鼓掌。事实上，西奥多也成为富兰克林最初的政治启蒙者。在年轻的富兰克林看来，在西奥多身上，除了认为心地纯洁的人应更积极地参与政治，鄙视单纯追求物质利益，以及为国家服务的精神之外，几乎再没有什么深思熟虑的想法了。

6月25日，18岁的富兰克林结束了格罗顿公学的学习生活。在毕业授奖会上，富兰克林意外地获得了拉丁文奖，奖品是一套40卷的莎士比亚全集。后来，在描写自己当时的心情时，富兰克林的描述是——"心里乐滋滋的"。

在富兰克林的毕业证书上，皮博迪校长写道：

"他是个诚实的学生，在整个学习期间，他在集体中的表现是非常令人满意的。"

1932年底，富兰克林·罗斯福当选为美国总统。处于新闻记者的镁光灯下的皮博迪校长立即激动地当众宣布：

"富兰克林·罗斯福就是当年在格罗顿学习的少年，这是有据可查的。我认为，关于他在学校时的表现还应该多说几句。他当时是一位沉着、冷静的普通少年，他的才能要比许多同学强一些，在班里表现比较突出，但还算不上最优秀的学生。他的身体较弱，因此在体育方面没有成就。不过，我们大家都很喜欢他。"

毕业典礼结束后，富兰克林寄出了在格罗顿公校的最后一封家信，其中写道：

"搏斗已经结束，战斗已经获胜！"

今后，摆在富兰克林·罗斯福面前的，将是另一个新的学习历程。

1944年3月25日，罗斯福第四次连任美国总统。《先锋论坛》报的一位记者采访这位连任四届的总统，问他连任总统之事有何感想。罗斯福笑而不答，请记者吃两片三明治。记者觉得很荣幸，很快就吃下去了。罗斯福又请他吃第三片，记者受宠若惊，虽然肚子已不需要了，但还是硬着头皮吃下去了。这时，罗斯福微笑着说："现在，我已经不用回答您的提问了，因为您已经有了亲身的感受。"

第三章　丰富的哈佛生活

有学问而无道德，如一恶汉；有道德而无学问，如一鄙夫。

——罗斯福

（一）

从格罗顿公学毕业后，罗斯福打算进海军学校，将来当一名海军军官，过一种自由的海上生活。

可是，罗斯福的想法与父母的希望相距太远了。詹姆斯和萨拉认为，罗斯福是他们的独生子，父亲詹姆斯此时已经72岁了，海德公园村中有一份不小的产业日后需要他来接管。如果去参加海军，日后回来的可能性就很小了。因此，父亲建议罗斯福进哈佛大学学习法律。詹姆斯认为，法律是通向"锦绣前程"的跳板。最终罗斯福接受了父亲的建议，进入哈佛大学法律系。

其实在格罗顿公学念完五年级时，罗斯福已经读满了进入哈佛大学所必需的16个学分；到六年级时，他已经学完了大学一年级的课程。所以，当他在1900年9月进入哈佛大学时，其实已经是大学二年级的学生了。

哈佛大学创建于1636年，比美利坚合众国的诞生还要早40年。它是为美国东部权势集团造就上流社会接班人的名牌大学，有着悠久的历史和足以自豪的传统。在罗斯福家族当中，西奥多·罗斯福与罗斯福的父亲詹姆斯·罗斯福都是从哈佛大学毕业的。

哈佛大学的生活比较散漫，完全不像格罗顿公学要求得那样严格。在总数1700多名大学生当中，有300多名富家子弟，他们大多都忙于各种名目繁多的俱乐部的竞选活动，或醉心于花天酒地的社交活动，几乎整个学期都在吃喝玩乐，只有到了期末考试时，才会请私人教师进行突击复习以应付考试。

在罗斯福进入哈佛大学时，哈佛大学正处于它的黄金时期。当时大学的校长查尔斯·W·埃利奥特是该校历史上最重要的三位校长之一，他大胆革新，改革传统课程的设置，在大学中首创了选课制度，同时主张教育的首要目的是使科学文化为国家和社会服务。

在埃利奥特担任哈佛大学校长期间，哈佛大学由一所小型的地方性大学迅速成长为文明世界的著名学府，汇聚了一大批的学术精英。在给罗斯福授课的老师中，就有美国历史边疆学派的创始人弗雷德里克·J·特纳教授，莎士比亚、乔叟和英国民谣专家乔治·基特里基教授，心理学和实用主义哲学权威威廉·詹姆斯教授，著名经济学家埃布拉姆·安德鲁教授，政治学泰斗艾伯特·罗厄尔教授，以及向实用主义哲学流派勇敢挑战的乔赛亚·罗伊斯教授，等等。

当富兰克林·罗斯福进入哈佛大学读书时，他的堂叔西奥多·罗斯福正处于政治生活的上升期，成为一颗闪耀的政坛明星。由于对西奥多·罗斯福的崇拜，富兰克林·罗斯福决定沿着堂叔的这条路奋力前进，以期有朝一日能够像堂叔一样，爬上政治的顶峰。

出于这个目的，在哈佛大学期间，罗斯福并没有像其他忙于社交和享乐的同学一样寻欢作乐，而是集中精力在政治学习上。他选读了特别适合政治生涯的课程，并将其中的历史和政治作为主修课，将英语和演讲作为副修课。同时，他还学习法文、拉丁文、经济学和地质学。但后来罗斯福说：

"我在大学学习了4年的经济学，可教给我的东西都是错误的。"

另外，罗斯福还希望从政治课中学到关于"实行一种政治制度的具体计划——包括预选、选举和立法的具体计划"等等，但他的愿望也没有实现。为此，他曾抱怨国家法这门课程"好像一盏没有电线的灯泡"，只知道强调立宪程序和抽象的法律基础，不重视政治现实。

（二）

哈佛大学同美国的其他大学一样，都很重视各种体育活动，可罗斯福的体格实在让他不能出人头地。虽然他的身高已经超过了一般人，但体重却只有66.22千克，比标准的运动员的体重至少轻了9千克。因此，学校的足球队、划船队等，罗斯福都不能入选。

不过，在其他一些方面他却获得了成功。

在大学二年级的时候，罗斯福就曾以《新阿姆斯特丹的罗斯福家族》作为题目写了一篇论文。在论文中，罗斯福谈到了自己家族的"进步性和真正的民主精神"时说：

> "罗斯福家族具有活力的一个原因——也许是主要原因——就在于这种民主精神。他们从来没有觉得由于自己出身高贵就可以游手好闲而取得成功；相反，他们觉得正因为自己出身高贵，如果他们不能尽到自己对社会的责任，他们将得不到原谅。"

罗斯福这样对本家族"真正的民主精神"进行宣扬，为自己日后进入政界提供了一定的理论基础。这种"精神"之所以说是民主的，并不是指与群众之间打成一片，或者主张人类的根本平等等；相反，它带有一定的杰斐逊主义味道，即要求富贵的人要用自己的力量为"社会"谋求福利，而不光是为了赚钱。

罗斯福就是这样开始形成自己对于精神遗产的看法的。这样的看法，再加上西奥多·罗斯福的榜样和格罗顿公学的皮博迪博士的教导，推动了罗斯福参与团体和政治活动的积极性。

罗斯福在哈佛大学就读期间，国内外政治风云的变化也吸引了他的注意。当时，社会正处于两个世纪的交替之时，全世界都动荡不安。在中国，爆发了义和团运动，美国还参与了对它的镇压；在南非，爆发了反对英国殖民统治的布尔战争。

罗斯福很同情布尔人的反抗斗争，参加了哈佛大学为在南非的英国集中营的布尔人妇孺捐赠的组织，与当时哈佛普遍存在的保守性亲英态度形成了鲜明的对比。

相对来说，美国国内的政治动向更能引起罗斯福的关注。在18岁刚刚进入哈佛大学时，他就参加了哈佛共和党人俱乐部，开始了自己最初的政治生涯。后来，他又被民主党总统候选人威廉·布莱恩的纲领所吸引，转而为布莱恩的竞选出力。尤其有一点，罗斯福与布莱恩的观点有共识，那就是认为美国对菲律宾的长期战争是一场罪恶的殖民战争。

不过，在政治社交方面罗斯福也有不尽如人意的地方。当时，哈佛大学有许多等级森严的社交俱乐部，其中最高级的俱乐部大多是通向波士顿乃至美国上流社会的桥梁。

罗斯福曾经试图参加一个很有声望的，名叫"伯尔柴兰"的高级俱乐部。在20多年前，他的堂叔西奥多·罗斯福曾是这个俱乐部的会员。可不知什么原因，这个俱乐部却将罗斯福拒之门外。据说，这次落选给罗斯福造成了很大的打击，使他一度产生了自卑心理，甚至成为他一生最痛苦的回忆之一。

（三）

1900年12月，刚进大学几个月的罗斯福遭遇到他人生中的第一次重大打击。这期间，住在纽约的詹姆斯·罗斯福心脏病发作。富兰克林·罗斯福接到催他迅速回家的电报后，非常焦急。尽管詹姆斯一直患有心脏病，而且在这一年他的病情也不断恶化，家人也早有心理准备，但他还是担心这一天的到来。

当富兰克林·罗斯福赶到父亲的床前时，詹姆斯已经奄奄一息了。第二天，詹姆斯·罗斯福与世长辞，给富兰克林·罗斯福留下了大约12万美元的遗产。

詹姆斯去世后，萨拉让妹妹劳拉陪她在海德公园度过了一个孤独而难过的冬天，随即便搬到了波士顿的一所住宅当中。这里距离儿子罗斯福的住所只隔着几条街，她希望能够时刻看到儿子，以慰藉自己精神上的孤独。

詹姆斯的去世让萨拉沉浸在悲痛之中，她与詹姆斯伉俪情深，在此之前，她将自己的幸福一直建立在对两个男子的热爱之上。而现在，詹姆斯走了，她的爱就完全集中在儿子富兰克林·罗斯福一个人身上了。

在萨拉的性格当中，权威的思想逐年增长，她似乎更倾向于将儿子置于自己的控制和监护之下。聪明的罗斯福为了不伤害母亲的感情，学会了规避和迂回。

他经常在母亲的住处招待宾客，也会常常外出参加一些午餐会和郊游等，甚至还担负起海德公园和坎波贝洛的一些责任。

在暑期，罗斯福会尽量陪着母亲，他们还像以往那样到欧洲去旅行。但当萨拉一提起关键性的话题——罗斯福家的生活道路时，罗斯福就巧妙而机智地顾左右而言他。

罗斯福对待母亲的提议并未以不加理睬、我行我素的态度来表达他的反抗。在随和与温顺的背后，罗斯福似乎开始蕴藉着一股冲破和反抗陈旧框架的力量，这些素质最终在"新政"年代的实验中体现出来。

在申请加入"伯尔柴兰"俱乐部失败后，罗斯福只好退而求其次，参加了名气稍差一些的"旗舰"俱乐部，并担任其所属图书馆的首席管理员。

不久之后，罗斯福就采纳了波士顿一位书商的建议，开始收藏一些书籍。开始时他只收集一些关于美国的书籍，后来范围缩小到只限于军事内容的书籍、杂志和图片等。后来，他被选入哈佛大学联合图书馆委员会。

罗斯福不是一个轻易在挫折面前就认输的人，他急切地渴望能靠着自己的成功在哈佛大学出人头地，并以此赢得同学们和社会名流的青睐。为此，他依然积极参加各种课外活动。

1901年，罗斯福以自己出色的表现被选为哈佛大学《红色校旗报》的编辑。这时，他的堂叔西奥多·罗斯福正作为共和党人麦金利的搭档而竞选副总统，而哈佛大学校长查尔斯·埃利奥特的政治态度为人们所瞩目。富兰克林·罗斯福自告奋勇地提出去采访校长查尔斯·埃利奥特，了解他的政治态度。主编认为校长是不可能说的，但罗斯福坚持要去试试看。

当哈佛大学校长见到这位学生记者时，态度之严峻果然不出所料。他冷冷地反问罗斯福道：

"我为什么必须要告诉你我将投谁的票？"

罗斯福回答说：

"因为如果您的投票代表您的信仰的话，您就应该乐意把您的影响放在天平之上。"

就这样，在这位勇敢的年轻人的进攻之下，埃利奥特校长一改严厉的态度，高兴地回答了这位学生记者的问题。

罗斯福采访到的这一独家新闻不仅令他在学校大出风头，还成为全国各家报纸争相刊登的头条新闻。

（四）

在美国总统大选的前夜，罗斯福参加了由波士顿大学生们举行的声援共和党的千人火炬游行。选举结果是共和党候选人麦金利获胜。

1901年9月6日，麦金利总统遇刺身亡，42岁的西奥多·罗斯福继任为美国第二十六任总统，同时也成为美国历史上最年轻的总统。

西奥多·罗斯福总统执政后，所采取的第一个措施就是实现了美国的诺言，从古巴撤军；接着，又通过了联邦垦荒法案，为西部公有沙漠地带的灌溉计划提供资金。

在对待国内托拉斯的态度上，西奥多·罗斯福态度非常强硬，有力地打击了这些控制国家工业命脉的垄断组织。他主张"对最大的公司就像对国内最卑微的公民一样，应该加以约束，以便使它们能够顺从人民的意愿"，联邦政府应该充当国内各种互相冲突的经济力量，尤其是劳资关系的仲裁者，保证对双方持"公正的态度"，而不是偏袒其中的任何一方。

西奥多·罗斯福的政策使美国庞大的托拉斯运动受到了政府的约束，也令联邦政府的宏观经济管理调控得更加有力。

在对外政策方面，西奥多·罗斯福督促国会建立新的海军，以加强自己的军事实力，使得海军防御能力足以与世界各国的列强不相上下。

以坚定的军事实力作为后盾，西奥多·罗斯福满怀信心地引导着美国"朝着更加积极参与世界政治的方向前进"。

年轻的富兰克林·罗斯福积极热忱地拥护堂叔西奥多所贯彻的治国政策。同时，随着罗斯福这个姓氏知名度的骤然提高，富兰克林·罗斯福也屡屡巧妙地利用自己的特殊身份为自己挣得不少荣誉和好处。他还让母亲把海德公园家中放在祖传《圣经》旁的那些布满灰尘的家族记事本寄来。在对先祖们的活动及关系进行了一番考证和研究之后，富兰克林·罗斯福写道：

> 现如今，纽约的一些有名望的荷兰家族除了他们的名字之外，什么都没有留下。他们的人数屈指可数，他们缺乏进取精神和真正的民主精神。而罗斯福家族朝气蓬勃并富有生命力的一个原因，或许是主要原因，就在于他们具备了这种民主精神。他们从不认为自己生在优越的殷实之家就可以双手插进口袋而坐享其成；恰恰相反，他们认为，出身于富裕高贵之家的人没有任何理由不对社会履行天职。罗斯福家族的人之所以在各个方面都能被证明是优秀的公民，正是因为他们自幼就受到了这种思想的熏陶。

随后，罗斯福在分析这些"优秀公民"是如何对美国社会作出重大贡献时，强调了荷兰人的顽强和执著——而这一切都沉淀、沿袭并展现在罗斯福家族的成员身上。

显然，罗斯福在这里所强调的"真正的民主精神"并不是通常政治学意义上的民主，而是指一种能够积极主动地通过为社会公众事业服务来获取社会地位的素质。

西奥多·罗斯福的执政在无形中促使富兰克林·罗斯福将注意力和精力较多地投向课外政治活动中。通常来说，像罗斯福这个年龄的大学生，其政治思想还远远未成型，大多都处于一种不受驾驭、蔑视权威、视政治为游戏的过渡时期。然而，富兰克林·罗斯福却相对地显得沉稳和正统一些，他很有意识地将大学里的政治活动视为一种向更广阔领域大展宏图的实习场所。

1904年6月，富兰克林·罗斯福从哈佛大学毕业，正式告别了哈佛大学。他的家世、教养、特殊身份以及所受到的教育程度都令他产生了一种优越意识。

毕业后，罗斯福踌躇满志，意气风发，认为自己"应该在美国社会中成为一名举足轻重的人物"。母亲萨拉对此也承认，"他的父亲和我总是对富兰克林寄予极大的期望。……我们认为他应当能取得优胜，一旦他确实成功时，我们很高兴，但并不吃惊。总之，他有许多其他孩子所不具备的条件。"

第四章　与堂妹埃莉诺成婚

> 我认为克服恐惧最好的办法理应是：面对内心所恐惧的事情，勇往直前地去做，直到成功为止。
>
> ——罗斯福

（一）

罗斯福从哈佛大学毕业不久，就宣布与堂妹安娜·埃莉诺·罗斯福订婚了。

埃莉诺是罗斯福家族的奥伊斯特湾的支系，是西奥多·罗斯福的胞弟埃利奥特和安娜·R·霍尔的女儿。如果严格地按辈分论的话，富兰克林·罗斯福还是埃莉诺的远房堂哥。

罗斯福与埃莉诺很小的时候就认识了，当年在海德公园的儿童室里，罗斯福经常与堂妹埃莉诺一起玩耍，感情也非常好。不过，与罗斯福相比，埃莉诺的童年可谓充满了孤苦、歧视和酸楚。

埃莉诺的父亲埃利奥特是个健美英俊的运动员，但同时又是个常常在外纵酒放纵、夜不归宿的花花公子。他很疼爱女儿埃莉诺，可在女儿6岁的时候就离家出走了，据说后来因为嗜酒而丧命。

她的母亲是个出了名的美人，但身体柔弱，性格乖戾，为人也十分刻薄，即使对自己的女儿也是如此。她总是固执地按照自己的意愿管教女儿，埃莉诺很小的时候就被送到冷清的修道院去上学。

家中有客人来的时候，小埃莉诺总是一个人躲在暗处，要等到母亲叫她时才敢出来。母亲总是指着小埃莉诺对客人说：这个孩子古怪得很，长得又老又丑，我们都称呼她老奶奶。

小埃莉诺稍微犯一点错，就会招致母亲的过分惩罚，有时甚至是一顿毒打。母亲的这些做法深深地伤害了埃莉诺幼小的心灵，她也因此变得自卑、胆小、懦弱而敏感。

这个时候，父亲还在世，并偶尔回来探望她一下。每当父亲回来时，小埃莉诺都会显得非常快乐和满足。

在埃莉诺8岁的时候，她的母亲患白喉病去世了，埃莉诺和弟弟霍尔·罗斯福被她的外婆接走抚养。在这期间，埃莉诺忧郁而伤感地整日陷入病态的幻觉之中，有时一连几个小时呆呆地坐在窗前，望着门前那条灰色的马路，渴望父亲能够回到她的身边，可她的父亲永远都不会回来了。

外婆V·G·霍尔的家住在赫德逊河畔的第沃里，位于海德公园的上游。在这幢名叫"橡树台地"的阴森森的大宅子里，埃莉诺和她的弟弟霍尔处处受到霍尔家族陈规陋习的限制。

在霍尔家的孩子当中，埃莉诺的母亲排行第一，下面还有几位年轻快活却刻薄风流的姨妈，以及一个嗜酒如命的舅舅。她其中的一位姨妈断言埃莉诺将会是一个没有任何希望嫁出去的老姑娘；另一位则常常当着外甥女的面为自己接连不断的爱情挫折而歇斯底里；她的小舅舅瓦利·霍尔与她的父亲一样，每天喝得醉醺醺的，还要借着酒劲耍酒疯。

而霍尔太太管教不了自己的这些孩子，于是作为一种补偿，就以最古板的方式管教外孙女埃莉诺。这位老太太死守着各种陈规，严格得近乎苛刻。置身于这样的家庭之中，埃莉诺每天都感到头晕目眩，毫无自由可言，对未来充满了恐惧。但多年后她说，这种恶劣的环境

"像钢铁一样锻炼了我"。

15岁时，埃莉诺被送到了伦敦附近艾伦伍德镇的一所由法国人索维尔斯托小姐创办的女子学校。索维尔斯托小姐的热情关怀和谆谆教诲渐渐改变了埃莉诺自卑的性格，启发了她那被压抑的潜在素质。

在艾伦伍德学校读书的3年，使埃莉诺的人生观和世界观发生了很大的变化。3年后，这位美国姑娘虽然出落得不算漂亮，但却端庄娴静，俨然是一位有教养、有素质的愉快的欧洲姑娘。

1902年春，罗斯福在回家的火车上邂逅了多年不见的埃莉诺。他发现，此时的埃莉诺已经长成了大姑娘，浓密的秀发，一张透露出自信和沉着的脸庞，衣着得体而时髦，健谈且见解不凡，在有些问题上甚至比罗斯福知道得还多。

罗斯福惊讶地发现，自己对这位腼腆、聪敏的堂妹产生了强烈的好感。这种情感既是对她那种自怨自艾的体恤，也是对她的聪明才智的爱慕。

（二）

从这次邂逅后，罗斯福便开始与埃莉诺交往。罗斯福发现，埃莉诺是一位非常好的姑娘，她待人接物都具有严格的标准，可又不偏执小气；她在社会学方面有着惊人的新颖见解，并且以自己的亲身经历作为依据，因为此时她在纽约新拓居民区和儿童医院工作，对贫苦大众的疾苦了解得比罗斯福更加深刻全面。

埃莉诺的活动还不仅仅局限于慈善事业，她还殷切地希望可以投身到妇女所能从事的各种活动当中去。与罗斯福一样，她也十分热爱生活。所不同的是，罗斯福是笑容可掬地面对生活，而埃莉诺则是将满腔的激情蕴藏在心中。

这一对年轻人心心相印，可谓是情投意合。只要稍长时间不见面，罗斯福就发现自己对埃莉诺思念不已；当见面后，两个人都会变得毫无牵挂，相处得其乐融融。埃莉诺以她独有的气质吸引了罗斯福，而同时也被罗斯福——这位少女心目中的白马王子所吸引，两人的关系发生了微妙的变化。

1903年11月，罗斯福向埃莉诺求婚，埃莉诺没有马上答应。她用自己所抄录过的勃朗宁夫人的一句诗完整地表达了自己的心意：

"请不要说我太冷漠、太寡思。你那许许多多的深情厚谊，我却没有一丝回报。并不是我无情，而是我太寒碜。"

在经过一番仔细思考后，埃莉诺向罗斯福作出了答复：

"除非你能发誓，终生不渝。否则，那就不是爱情。"

当罗斯福郑重地发誓后，埃莉诺才欣然答应了罗斯福的求婚。

可是，当罗斯福将自己与埃莉诺已经订婚的事情告诉母亲萨拉后，却遭到了萨拉的反对。她已经习惯于儿子生活在自己的羽翼之下，自从丈夫詹姆斯去世后，她将自己所有的关爱都放在儿子身上，希望儿子能够与自己在一起。可是现在却有人介入他们的生活，要抢走她儿子的爱，更何况，这个姑娘也并不出色。所以，萨拉不同意这门婚事。

母亲萨拉的反应让罗斯福感到不安，但他早已不是事事都听母亲话的小男孩了，所以他给母亲写了一封情真意切的信：

> 我知道，这件事给您带来很大的痛苦。您知道，我如果有其他办法，我绝对不会这样做的……现在我只能说这些——我了解您的心思，很长时间以来，我也了解我自己的心思。我知道我自己不可能有另外的想法，结果是：现在我是世界上最幸福的人，也是最幸运的人——至于您，亲爱的妈妈，您知道不可能有任何东西能够改变我们以往和将来的相互关系——现在，您有两个孩子去爱，也有两个孩子来爱您——您知道，埃莉诺将永远都是您的女儿……

　　收到这封信后，萨拉意识到，自己已经不能从正面阻止儿子的婚事了。于是，她提出了一个更能站得住脚的理由：他们两个还太年轻，这时罗斯福才23岁，还没有从哈佛大学毕业；而埃莉诺只有21岁。他们应该先以事业为主，先立业后成家，不应该这么早就结婚。

　　这一次，罗斯福和埃莉诺听从了母亲的劝告，没有马上举行婚礼。但是，他们之间的感情并没也因此而受到影响。

（三）

　　1904年罗斯福从哈佛大学毕业后，12月1日，他正式对外宣布了与埃莉诺订婚的事。西奥多·罗斯福就像疼爱自己的女儿一样疼爱着埃莉诺。当他听说这一亲上加亲的消息后，高兴地向他们表示祝贺，并答应他会亲自出席他们的婚礼，亲手将新娘交给富兰克林·罗斯福。

　　1905年3月17日，富兰克林·德拉诺·罗斯福与埃莉诺·罗斯福举行了婚礼，总统西奥多·罗斯福如约出席。

　　总统亲自来参加婚礼的消息吸引了公众的目光，伴随着"西奥多·罗斯福万岁"的欢呼声，人们几乎要冲破警察组成的警戒线。当新人乘坐小汽车到达时，反而无人注目。

　　格罗顿公学校长皮博迪博士是罗斯福与埃莉诺婚礼的主婚人。新娘埃莉诺容光焕发，被她慈祥的总统叔叔亲手交给了罗斯福。

　　婚礼仪式结束后，总统马上成为众人关注的焦点，人们纷纷跟随他走向宴会大厅，两位新人一下子由主角成了配角。正如萨拉后来回忆时所说：

　　"孩子们忍受了一段别扭的时间，宾客们跟在罗斯福先生（总统）后面，纷纷与他握手，几乎没有人理会这对孩子。"

　　不过，就连新郎罗斯福也被他的偶像——总统的风采深深地吸引住了，随着众人一起与总统说笑。而埃莉诺则别有感慨，她深深地体会到了"权势"的力量。

对于自己的婚礼，后来埃莉诺有这样的自白：

"我对为人妻为人母向来有着很高的标准，但对于妻母的涵义却很模糊。许多年后，我才知道恋爱是怎么一回事，才明白恋爱的真正意义。"

结婚后，罗斯福与妻子埃莉诺住在母亲萨拉为他们租的位于纽约西40街的一所公寓中。此时的罗斯福已经就读于哥伦比亚大学法学院，在6月的暑假中，这对新婚夫妇乘坐"大洋号"前往欧洲进行了蜜月旅行。

从欧洲回来后，正常的家庭生活开始了。母亲萨拉不愿对这对年轻人放任不管，她为他们安排好了一切，实际上她处处都在主宰着这个家庭。埃莉诺后来说：

"我婚后的第一年，完全靠别人照顾，我的婆婆把什么事情都替我做好了。"

1906年5月，罗斯福与埃莉诺的第一个女儿安娜出生了。孩子出生后，萨拉更是插手家中的一切，总是绕过埃莉诺去负责孩子的教养。尽管埃莉诺多次反抗，最终都是徒劳无功。

同时，随着孩子的降临，加上罗斯福的各种收藏爱好，以及经济负担越来越重的各种政治活动，罗斯福不可避免地要依赖母亲的资助。这样，萨拉便以自己的爱和钱袋长期控制着儿子的家庭。

一直到1921年罗斯福患上脊髓灰质炎，右腿瘫痪之后，情形才有所改变，埃莉诺逐渐摆脱了萨拉的束缚。她不仅在生活上对罗斯福照顾得无微不至，而且还成为他政治上的得力助手，从而为丈夫营造了一个积极向上、令人振奋的生活环境。

第五章　步入政坛

　　人生就像打橄榄球一样，不能犯规，也不要闪避球，而应
向底线冲过去。

——罗斯福

（一）

　　婚后的罗斯福仍然就读于哥伦比亚大学法律系，尽管学习法律是
父亲詹姆斯的心愿，也是进入美国上流社会的桥梁，但罗斯福并没有
多大的兴趣。

　　1907年春，罗斯福通过了纽约州的律师资格考试，这对他来说无疑
是个不错的机会。他毅然离开了学校，虽然这会让他不能获得哥伦比
亚大学的毕业证书，但他毫不在意。

　　离开哥伦比亚大学后，罗斯福马上进入了著名的卡特—莱迪亚德—
米尔本律师事务所。这家事务所的顾客大部分都是华尔街的有钱有权
之人。尽管罗斯福只是在这里担任一名初级书记员，第一年还没有工
资可领，但还是让人趋之若鹜，因为进入这个事务所就意味着将来必
定会名利双收。

　　其实在罗斯福来事务所应聘之前，他的这个职位已经空了两年了，
没有人能够通过那里苛刻的要求。但当事务所的老板听说这次是西奥
多总统的侄女婿有意进入法律界，立即便聘用了罗斯福。

作为一名初出茅庐的年轻人，罗斯福不可能有机会参与那些重大的法律事务。他最初的工作就是为事务所的合伙人研究案例、记录案情，同时做一些杂务等。

除此之外，有时他还会被派出去处理一些较小的诉讼案，或到市法院去反驳一些对各公司提出的小额赔偿要求等。这个工作也让罗斯福有机会与许多平民交往，帮助他了解自己阶层之外的那些人的思想和生活，从而更加深刻地认识自己的国家。

工作一年之后，罗斯福被调往事务所海军部，这似乎与他的兴趣更加接近一些。在工作当中，他的辩才和平易近人的态度使他很快就赢得了顾主的好感。在事务所老板莱迪亚德看来，罗斯福有着良好的家庭背景和随和的脾气，完全可以成为一名出色的律师事务所高级合伙人。然而，罗斯福却不仅仅满足于此，他已经暗暗为自己安排了与西奥多·罗斯福一样的人生轨迹：先成为州议员，然后当上助理海军部长，再当上纽约州长。他声称：

"任何人处于这个位置上，只要走运，就会有机会当上总统。"

这就是富兰克林·罗斯福的理想！

在几年的律师生涯之中，罗斯福过着表面上养尊处优的平静生活，但这也是他韬光养晦的一段时光。他加入了一些著名的俱乐部，成为当地义务救火会的会员，还担任了圣詹姆斯主教派教会的教会委员和波基普西第一国民银行的董事。通过积极参加这些社会活动，他初步掌握了同各阶层人士打交道的技巧。这也为他赢得了良好的口碑和一定的社会名望，为他日后步入政界打下了基础。

1904年，罗斯福曾第一次行使他的选举权。在那年的总统竞选中，他投了西奥多·罗斯福一票。然而他日后参政却是以民主党人的身份出现的，这是因为民主党最早向他提出了参加竞选的建议。从那以后，罗斯福就作为一名民主党人活跃在政治舞台上。

1910年春，罗斯福的机会来了。这年，代表达切斯县的州参议员职位空缺，州民主党的领导人希望能够把这个被共和党人垄断了30多年之久的公职夺回来。他们看中了28岁的罗斯福。

这除了考虑他的家庭背景外，还因为他们被罗斯福在一次野餐会上发表演说的风度和技巧所打动。因此，民主党领导人决定推举罗斯福去参选。

经过慎重地权衡利弊后，罗斯福决心投身政治，去参加竞选州参议员。

但是，罗斯福的母亲萨拉和多数亲友都反对他去做一次他们认为"毫无成功希望"的竞选，只有他的妻子埃莉诺对他的决定毫不怀疑。她表示，只要是丈夫想要做的事，她都会支持。

罗斯福决定试一试，为此他还特意给住在奥伊斯特湾的堂叔西奥多·罗斯福打了电话。此时西奥多已经结束了他的总统任期，但他的态度对罗斯福的竞选有着举足轻重的作用。虽然西奥多不赞成罗斯福以民主党人的身份参加竞选，但他还是认为罗斯福应该进入政界，并答应对他有关政治活动的演说保持缄默。

（二）

虽然罗斯福对自己竞选获胜并没有把握，但他的秉性就是：一旦决定，就要力争胜利。而且，从当时全国的政治形势看，情形对民主党也是非常有利的。长期执政的共和党内部因思想分歧而出现了明显的派系分裂。

1908年，西奥多·罗斯福任期届满时所选出的继承人塔夫脱已经沦为一个保守主义者，听任保守派将西奥多·罗斯福任内留下的改革成果侵蚀得所剩无几。为此，西奥多·罗斯福与保守党派之间发生了激烈的冲突，这极大地削弱了共和党的实力。

同时，由于众多的贪污案件被揭发和政治家的煽动，国内普遍出现了对时局和现状的不满情绪。因此，民主党派开始积极以关税改革、控制托拉斯、直接选举等关键问题争取人民的支持。

从这一切迹象上来看，民主党是完全有可能在1910年的选举中获胜的。罗斯福也看到了周围的这些有利局势，所以他以极大的热情投入到竞选当中。

同以往的竞选者不一样的是，罗斯福并没有动用民主党的党内资金，而是完全自己支付了一切竞选费用。在一个的竞选时间内，他将自己呼吁的对象完全定位在乡村农民的身上，而将城市中的竞争工作完全托付给党方面的组织去进行。

在竞选中，罗斯福模仿10年前骑着马作竞选演说的西奥多·罗斯福，租用了一辆红色的麦克斯维尔大轿车。从另一方面来看，这样做也是出于骑马和乘坐轻便的马车无法走遍全区方圆2.5万平方千米的地域考虑。

在1910年时，汽车还属于很新奇的东西，农民们甚至认为它是魔鬼的发明者，会传染瘟疫给农民。但罗斯福没有听从朋友们的劝阻，他认为：

"汽车一开到乡村，在很短的时间内就可以看到10倍的乡村选民。此外，怕汽车的也不是选民，而是选民的马匹。"

事实上，也正是这辆被罗斯福命名为"红色危险物"的汽车使他赢得了更多人的关注。当农民们纷纷围拢过来听他解释这个"怪物"是如何行走时，他们也听到了这个年轻候选人的政治主张，以及他所作出的承诺。

罗斯福在自己的家乡地区演说了两周。他的红色汽车上插着一面美国国旗，旋风式地从乡村中席卷而过。每天，他都要进行10多次演讲，与数百个农民握手，笑容可掬，还会适当地对他们加以奉承。

可以说，罗斯福已经初步掌握了美国政治家们的惯用伎俩。在演说中，罗斯福还大力攻击城市中的两党党魁，攻击政府的高关税政策，这甚得农民们的欢迎和支持。

另一方面，与前总统西奥多·罗斯福的关系也成为他竞选中的一笔很重要的资本，有的人甚至误以为他是西奥多·罗斯福的儿子。有个老农民甚至说：

"我不管他是不是民主党人，我将为老罗斯福而选他。"

罗斯福在这次竞选中的收获，可以从他20年后的演说词中看出来：

"我只是告诉他们应该享有什么，很少说他们的希望能够实现多少。我只教给他们一些采取行动的实际方法。我不知道他们需要什么，但在竞选结束之前，我已经从他们的表情看出了他们的想法……他们需要保证和承诺……争辩的中心应该是方法与手段。政治的测试，应该视它是增加个人的安全和权利还是减少个人的安全和权利而定。"

当时自由主义的潮流正处于高涨时期，罗斯福尽管初出茅庐，但却是一名具有出色说服力的竞选家。所有的努力在1910年11月初的一个阴冷的雨天得到了回报——在3万多选票中，罗斯福以多于对手1140票的结果当选为纽约州参议员。

此外，还有26名民主党人当选为州长，其中著名的有纽约州的约翰·A·迪克斯、新泽西州的伍德罗·威尔逊、马萨诸塞州的尤金·N·福斯等人。尽管这些国会议员和州长大多数都是"新手"，他们的进步主义改革纲领同布莱恩的思想也有些出入，但赶上好运气的民主党人似乎在一夜之间已经没有理由不对自己的前途踌躇满志了。

（三）

竞选成功后，罗斯福于1911年元旦带着妻儿从纽约搬进了纽约州首府奥尔巴尼国家街248号的一所三层楼房中。

在回忆这段日子时，埃莉诺说：

"在奥尔巴尼，我开始了一生中的两重生活。从此以后，无论我的丈夫是否在政府中工作，社交和公共生活都成为我们日常生活中的一部分，他也为之投入了全部的精力。那时，他或许还未能像今日这样，形成他自己的政治哲学，但他已经发现了政治活动的魅力。与此同时，了解大众，了解他们的能力，在这一过程中张扬自己的个性，都已经成为他的兴趣所在。"

在进入政界不久，罗斯福就抓住了一个绝好的时机领导了一场反对曾在竞选中攻击他的"头头专断"——坦慕尼协会的激战，使得民主党的党魁们对他刮目相看，他们再也不敢将他看做是一个乳臭未干的花花公子了。

在1913年之前，美国的联邦议员都不是由民众直接选举的，而是由州议会选出的，而州议会则处于多数党党魁的控制之下。

1911年初，民主党党魁墨菲亲自选中威廉·希恩去参加联邦参议员的竞选。威廉·希恩的政治品质极坏，是个标准的雇佣政客，臭名昭著。但他用金钱收买了许多人，同时也十分渴望在参议院谋得一席之位，以便自己一生的事业能有一个体面的结局。

从表面上看，墨菲选中希恩，希恩当选就是十拿九稳了，因为墨菲自己就控制着民主党在议会中的大多数选票。然而，事情并不像墨菲预想得那么顺利，民主党内的自由主义者也选中了一位被公认为独立不倚、献身于"诚实正直"的民主党人爱德华·谢泼德作为候选人。而罗斯福则是谢泼德的一位支持者。

经过一番考虑和周密的分析后，罗斯福决定不投希恩的票。一方面因为他被墨菲这种将自己想法强加到民主党人身上的做法感到不满；另一方面，朋友们的反对意见、家族的传统对他作出这个决定也有一定的影响。

因此，罗斯福号召发动了20多人拒绝投希恩的票。而此时在民主党内部，只要少于20张选票，就可以让希恩无法当选。

罗斯福进行阻碍希恩当选的活动共持续了10周。在这期间，他和其他反对者们遭到了来自党内的种种打击。党魁们让人给他们写恐吓信；让报纸刊载具有煽动意味的声明，称这些反对者们接受了银行界的秘密津贴；还在一些报纸上拿他们的隐私大做文章等等。

但是，罗斯福和其余20多人始终没有屈服。经过长时间的拉锯战，最终党魁们被迫让步，撤回了对希恩的支持，同意另一个折中的候选人——为人正直的最高法院法官詹姆斯·奥格尔曼为代表纽约州的联邦参议员。

罗斯福所领导的这场斗争大大地推进了直选联邦参议员的活动。1911年4月，罗斯福推动州议会通过了一项敦促州国会代表团投票赞成关于直接选举联邦参议员的宪法修正案的决议。到1913年5月31日，这条修正案正式生效。

通过这个过程，罗斯福与民主党的其他改革者们赢得了新的威望；同时，还促成了一个间接但却十分重大的后果："新自由"预言家伍德罗·威尔逊的崛起。

1911年秋，罗斯福去拜访了威尔逊。不过，他们的第一次见面并没有罗斯福想象得那么热烈。一个所谓理想主义的学究政客，与一位政治思想还未曾完全定型的崇尚实际的政客之间，的确不能一下子找出许多共同点。但很快，当两个人的话题转到他们共同的政治理想上时，威尔逊起初那种冷冰冰的态度马上就消失了。他变得慷慨激昂、热情奔放，还向罗斯福介绍了自己的政治理念：在复杂的现代生活中，只有政治民主和宗教民主是不够的，人民还必须获得经济自由；政治必须被更直接地置于人民的控制之下。

罗斯福几乎完全赞同威尔逊的政治观点。事后，罗斯福高兴地说，他发现了一个"依靠理智而不是情感来使人折服的人"。

在此后的日子中，罗斯福便以他旺盛的精力和热情投入到为威尔逊助选的活动中。尽管西奥多·罗斯福此时仍然是他所崇拜的政治偶像，但他还是成了威尔逊的忠实信徒，义无反顾地支持威尔逊的政治事业。

第六章　出任海军助理部长

　　幸福不在于拥有金钱，而在于获得成就时的喜悦以及产生
创造力的激情。

——罗斯福

（一）

　　罗斯福在决议追随威尔逊后，便准备了一篇全面阐述自己政治、经济观点的声明。这就是罗斯福于1912年3月12日在纽约州特罗伊对人民论坛发表的演讲。

　　这篇演讲第一次隐隐约约地勾勒出"新政"的某些轮廓。罗斯福赞同让政府在管理经济方面发挥更大的作用，以便为广大人民谋取更大的福利。同时，他还措辞谨慎地反对在私有财产的使用与公共福利发生矛盾时维护私有财产的神圣不可侵犯性。罗斯福深信，关于个人自由的传统观念已经不能应付当时美国的社会动荡了，因此主张采取对付这一挑战的新理论。他说：

　　"事实证明，竞争在一定的限度内是能够发挥作用的，但超过了这一限度就不能起作用了。而目前，我们必须争取的合作却能发挥出竞争所起不到的作用。"

　　然而，事情的进展并不令人满意。在1912年春季的总统候选人预

选中，威尔逊只获得了少数几个州的支持，各地的政治机构都在反对他。在第一轮投票中，威尔逊只获得了324票，而他的对手克拉克则获得了440票。当然，这其中也有党魁墨菲操纵的原因。

但是，罗斯福从不认为值得一战的事业会遭到失败，他力图像上次那样，打破墨菲对纽约州代表的操纵。他率领一个由150名有名望的纽约州民主党人组成的非正式代表团，在各州代表中间串联，向他们揭露事实的真相。就这样，罗斯福针锋相对地向党魁墨菲提出了挑战。

1912年7月，罗斯福参加了在巴尔的摩召开的民主党全国代表大会，第一次看到了形形色色面目奇怪的人物聚在一起，这些鱼目混珠，有官僚政客、党棍，也有小城市的雇员，还有地方小报的混事记者，以及掌管选民登记名称的神秘人物等等。

可以说，代表大会既是力量的较量场，也是一场活报闹剧的舞台。当天晚上，为克拉克雇来的300多名拉拉队员按照事先的安排冲入了会场，紧接着又冲入100多名佩戴克拉克小圆徽章的人，他们都是克拉克雇来的打手。

在会议开始前，罗斯福早就考虑到会出现这种情况了。因此，他事先也招募了一支对抗力量，而且一个个都是彪形大汉，让他们混进会场，随时准备对付克拉克的那群打手。有了这一充分准备，罗斯福的"雇佣军"最终压住了与威尔逊竞争的克拉克的打手。

为了能让威尔逊获胜，罗斯福与他的伙伴们加紧向大会内外进行游说演说。在他们的宣传鼓动下，从各地飞来的黄色信封像雪花一样，这是家乡人民在敦促自己的代表提名威尔逊的电报。

最后的投票结果显示：威尔逊得了990票，而克拉克只得了84票。

在总统候选人提名问题解决后，接下来就是竞选议员和准备大选了。然而就在这个关键时刻，罗斯福却被伤寒病击倒了，无法亲自参加竞选。这令他一筹莫展，难道就这样眼睁睁地看着自己的"锦绣前程"慢慢消失吗？如果他不能去参加竞选，就无法再次当选议员，更谈不上在政府中任职了，甚至还会严重影响威尔逊的选票问题。

就在罗斯福心急火燎毫无办法时，他忽然想到了一位名叫路易斯·豪的新闻记者。

路易斯·豪的祖辈是新英格兰人，他的父亲爱德华·波特·豪上尉曾靠搞地产投机发了财，但又在1873年的大恐慌中破了产。豪上尉曾想让儿子上大学，可窘困的家庭根本负担不起他上学的费用。迫于生计，路易斯·豪成了一名记者。

有人曾将路易斯·豪称为"中世纪的守护神"。他身高不足1.5米，骨瘦如柴，满脸皱纹，面容甚至可以用丑陋来形容。然而就是他，挽救了富兰克林·罗斯福的政治生涯。

当时罗斯福在巴尔的摩获得成功后，豪曾写信向罗斯福表示祝贺，并在信的开头称他为"亲爱的、尊敬的未来总统"，这一称呼让罗斯福对他的印象颇为深刻。

现在，首先要设法确保威尔逊获胜和令自己获得竞选参议员的提名并重新当选。而要做到这一点，现在他只能拜托善于宣传并富有竞选经验的路易斯·豪了。

豪立即以他特殊的才能和丰富的想象力，以及机敏的手段，将罗斯福的预选活动进行下去。他所采用的策略，仍然是当年罗斯福使用过的——宣扬农业进步主义思想、反对"头头专断"的主张，以及对选民们的具体要求的关注。

最终，在路易斯·豪的努力之下，罗斯福在未露面的情况下，再度以很大的优势当选为纽约州参议员。

（二）

在罗斯福卧病在床期间，总统竞选活动已经发展为共和党的西奥多·罗斯福与民主党的威尔逊之间的角逐。竞选开始后，除了个人作风方面，西奥多·罗斯福与威尔逊的政策主张上并没有太大的区别，都保证执行进步主义的政策，致力于"社会主义"。

在竞选演讲中，西奥多·罗斯福引用了《圣经》中的内容，以不可思议的直觉、浅白平实的道理和壮怀激烈的声音完美结合，激发起人们要求行动起来，重振社会美德的愤怒情绪；而安详自信的威尔逊则平和地条分缕析，将建立在审慎思辨的哲学基础之上的"新自由"政纲向选民们娓娓道来。他说出了一些会在人们心中产生回荡和共鸣的话，令人们想象到了一个美好和谐的前景。

1912年11月5日，总统选举结果出来了：民主党的威尔逊以629.7万张的选票胜出，共和党的西奥多·罗斯福获选票411.9万张，塔夫脱获348.7万张。如果将西奥多·罗斯福与塔夫脱的选票加起来，要比威尔逊多130万张。由此可见，威尔逊在此次竞选中获胜是沾了共和党分裂的光了。

论功行赏，这是美国政党政治的传统。负责威尔逊竞选班子中公共关系的约瑟夫斯·丹尼尔斯被任命为海军部长。可丹尼尔斯完全是个门外汉，需要找一个内行担任助理部长。

这时，威尔逊想到了在竞选时期表现不凡的富兰克林·罗斯福。而且威尔逊还了解到，罗斯福对航海和海军十分有兴趣，收集这方面的书籍达1万册之多，又是阿尔弗雷德·马汉的大海军主义的支持者。因此，罗斯福便被威尔斯任命为助理海军部长。

1913年3月17日，正好是罗斯福与埃莉诺结婚8年的周年纪念日，罗斯福进入美国海军部，正式开始了他新的政治历程。

与此同时，为罗斯福竞选议员立了大功的新闻记者路易斯·豪也成为罗斯福通往白宫不可或缺的忠实助手和顾问。

进入海军军部让罗斯福的职业与爱好达到了近乎完美的统一，但更重要的是，罗斯福将这一步看成是他实现下一个政治目标的契机和台阶。

当时的美国海军是世界上的第二大海军，助理海军部长的工作主要是进行技术指导和业务建议。对于罗斯福这个年仅31岁的年轻人来说，这个担子的确不轻。

为了熟悉工作，罗斯福"像一台涡轮机"一样拼命苦干。他不是只从文件上了解情况，而是尽可能地深入实地，与人交谈，获得更加直接、更加真实的资料，以至于当时有人形容他的形象是"脱掉上衣，解开衬衫，敞开硬领，领带挂在一边"。

罗斯福担任助理海军部长7年半的经历，为他后来在战争中担任总统打下了最为坚实的基础。当海军部长丹尼尔斯不在时，罗斯福就代行部长职务，并参与内阁会议。

罗斯福主持海军的日常事务，职责主要包括采购、预算事务及船厂、船坞的管理和部队的装备等。这些工作也为他提供了宝贵的行政管理经验。他学会了在危机时刻如何管理一个大的联邦机构，总统在战时会如何行动，如何与盟国之间制定共同的目标，以及一个主权国家如何适应全球性战争中的军事需要，等等。

罗斯福雷厉风行的工作作风，就像是在死气沉沉、昏睡不醒的海军军部官僚机构中投入的一枚重型炸弹。

（三）

罗斯福在自己的管辖领域内作了一次全面的视察，随即直言不讳地对美国海军的现状提出了质疑：

"对美国海军的估计远超过它的实际……我们号称已经建造成和正在建造的军舰有37艘，而放在第一线的却只有16艘……我们的海岸线长达3200多千米，其中只有320多千米有海岸炮兵防守。如果我是个日本人，在打垮舰队之后还不能在那近2900千米的某一地段登陆，那么我宁可剖腹自杀。"

当时，美国海军和海军陆战队的规模已经大得惊人了，但罗斯福仍然提出：

"强大的海军将带来尊重，而不是导致对抗。"

他还写了一篇气势恢宏的文章，声称：

"我们的国防应该遍布整个西半球，防区应该扩大到1000海里以外的公海上……我们需要海军，不仅是为了保卫自己的海岸线和属地，同时也是为了在战时保护我们的商船，不论它们到哪里……"

1916年，丹尼尔斯忙于替威尔逊张罗连任竞选的事务，罗斯福代理海军部长职务，更是废寝忘食，忙得不可开交。同时，他也用自己坚定而真诚的信念和执著赢得了广泛的支持。

就在罗斯福的工作顺利开展之时，第一次世界大战爆发了。顿时，欧洲各国势力的均衡被打破，旁观的美国人一时间不知所措。而罗斯福十分肯定地认为，美国势必会介入欧洲大陆的这场战争。因此他提议威尔逊建立国防委员会，实行普遍义务兵役制，着手建立强大的海军。

但是，罗斯福的建议并没有被采纳，因为他所提倡的均与美国的中立政策相背离。不过罗斯福并没有放弃他的主张，而是坚持己见，不遗余力地加紧完成美国海军参战的准备工作。

1917年初，德国宣布无限制潜艇战，使得协约国和中立国的船只都遭受到巨大的损失。美国的10余艘船只在没有任何反抗的情况下，就被德军舰艇击沉了。这样一来，美国国内的反德呼声日益升高，美国政府终于于1917年4月正式对德宣战。同年12月7日，美国又对奥匈帝国宣战。

美军的参战，进一步打击了德奥集团的势力，使整个军事形势朝着有利于协约国的方向转变。

同时，美国参战也令罗斯福有了更大的用武之地。从对德正式宣战之日起，罗斯福就迅速组织扩大了海军训练营，征召了大量的海军人员，真正做到了招兵买马；他还忙于订购新的船只和采购各种军用物资，以至于陆军部购买不到战备物资，都纷纷跑来求助于威尔逊，而威尔逊只好要求罗斯福将他的海军物资分一部分给陆军部。

（四）

要指挥一场现代化的战争绝不是一件容易的事。为了增加实战经验，罗斯福决心到前线进行一番视察。他说：

"在华盛顿的每个海军部的头头，都应该亲自去看一看战争的进程，不然的话，就好像一个在黑暗中下棋的棋手一样。"

1918年6月9日，罗斯福乘坐一艘新下水服役的驱逐舰"戴尔号"横渡大西洋航程，先后访问了英国、法国、意大利和比利时。

整个旅程都是比较安全的，但渴望战斗的罗斯福却始终亢奋地参与戒备潜艇袭击的行动，虽然最终发现警报都是不真实的。似乎只有一次情况有些危急，当"戴尔号"驶往亚速尔群岛时，它被几十海里开外的德国潜艇追踪了一阵子，但最终还是消失了。

7月31日，他横渡英吉利海峡到达敦刻尔克。在那里，罗斯福第一次看到了战争所带来的破坏。这座小镇在3年间几乎每一夜都要遭到轰炸，连一所完整的房屋都没有了。

在凡尔登要塞，罗斯福碰上了德军炮火的袭击。1916年时，这里有近50万人在战火中死亡。现在，在已经被夷为平地的富勒希村，罗斯福一行停下来准备拍摄一张照片，却遭到了德军炮火的猛烈袭击。

战争给人民的生命和财产所造成的重大损失，给罗斯福留下了终生难忘的印象。

最后，罗斯福又在比利时的协约国占领区匆匆转了一遍，并会见了比利时国王艾伯特，亲眼目睹了驱逐舰同一艘德国潜艇在沿海的一场战斗，并再次遭到敌军炮火的袭击。

尽管罗斯福精力充沛，但由于活动安排过紧，他还是因劳累过度而病倒了，只好于9月8日乘船返国。

在身体恢复后，罗斯福马上提交了一份考察报告，建议对海军的国外活动进行大规模的改革。海军部长丹尼尔斯称赞罗斯福的这份报告"简明扼要，令人深思"。

同时，罗斯福也不再满足于办公室的工作，而是请求威尔逊总统接受自己的辞呈，允许自己到前线去。然而，要实现从军立功的梦想这时已经为时太晚了。威尔逊告诉罗斯福，战争即将结束。

1918年11月11日，德国以外交大臣为首的代表团走上联军总司令、法国元帅福煦乘坐的火车，签订了第一次世界大战停战的条约。第一次世界大战至此宣告结束。

战争给美国带来了巨大的利润。在大战结束时，美国的国外投资额高达70亿美元。借助战争的机会，美国让世界上20多个国家欠了自己的债，包括英国，也欠美国44亿美元的债款，从而令美国一举由战前的债务国变为债权国。

同时，在大战期间，美国的商船吨位增加了10倍，不仅满足了海上运输的需要，还为海军的发展提供了条件。

最重要的是，战争让罗斯福这样一位资产阶级领导人得到了锻炼，为他日后入主白宫，尤其是为他在第二次世界大战中充当三军总司令，创造了有利的条件。

第七章　不幸罹患脊髓灰质炎

生长与变化是一切生命的法则。昨日的答案不适用于今日的问题——正如今天的方法不能解决明天的需求。

——罗斯福

（一）

1919年1月18日，巴黎和会在法国巴黎的凡尔赛宫召开。这时，罗斯福正在欧洲各地处理美国海军复原工作。在清理美国军事物资时，罗斯福与法国人进行了激烈的讨价还价。

在此时，他还得到了一个令他悲痛的消息——堂叔西奥多·罗斯福因动脉栓塞发作于1月6日去世了。从此，罗斯福失去了他的一股精神力量，而埃莉诺则认为美国失去了一个重要的象征。

巴黎和会结束后，2月中旬，总统威尔逊乘坐"乔治·华盛顿号"返回美国，罗斯福也在同行之列。威尔逊从巴黎和会上带回了由他负责起草并被写进《凡尔赛和约》的《国际联盟盟约》草案。该草案的主要内容是建立国际盟约，以维护世界和平等。可以说，《国际联盟盟约》饱含了威尔逊的心血和理想，因此他也强烈地希望这一提案能够在国会上获得通过。

罗斯福非常赞同威尔逊的这一目标，但他预言：国内围绕着是否批准盟约的问题将会有一场战争。威尔逊认为，美国参加国联是人心所向，更是大势所趋；而罗斯福则冷静地指出，这或许还需要很长的时间。

威尔逊回到美国后，便开始与反对者们展开了激烈的讨论，甚至是对抗。但最终还是以失败告终了，参议员彻底否决了美国参加国际联盟的草案。

但威尔逊对国内的反对势力不愿意作出任何妥协。到9月，参议员还是拒绝批准凝聚了威尔逊无限心血的《凡尔赛和约》，失去耐心的威尔逊决定求助于广大人民。

于是，年逾60岁的威尔逊不顾劳累与病痛，进行了美国有史以来最为艰难而无益的巡回演说。在做了40多次演说后，9月25日，威尔逊在科罗拉多的火车上得了中风。

11月，《凡尔赛和约》在美国参议员内部未能获得通过，这是威尔逊政治生涯中悲剧性的失败。随之，威尔逊的时代也走向了终结。

威尔逊的失败给罗斯福日后的成功提供了极其宝贵的经验。他自始至终都在认真地观察着这场盟约之争。他赞同威尔逊的主张，但他那敏锐的政治嗅觉让他意识到，在人民中间正在出现战后通常都会发生的那种政治情绪逆转驱使，理想主义的大幕已经渐渐收起。而威尔逊总是谈论追求"理想""命运""美国的责任""梦想"，这些事物虽然美好，但却有些遥不可及。相反，罗斯福更加追求实际，也更强调实践。所以，他对国联的认识要远比威尔逊更切合实际。

通过亲眼目睹威尔逊的失败，罗斯福也意识到了成功的关键在于：

首先，要将内外政治置于现实的基础上，决不能拿梦想当现实。威尔逊失败的原因，就在于他缺乏政治灵活性，甘愿付出高昂的代价而拒绝妥协后退。

其次，必须要重视舆论的作用，准确地把握美国国内的人心所向。

再次，要善于倾听意见。威尔逊的刚愎自用也促使罗斯福开创了美国总统的一个新风格——组织智囊团，吸收大批专家为自己出谋划策。

此外，还要重视与国会在野党的关系，充分争取各方的支持。在日后选择出席联合国大会的美国代表团成员时，罗斯福就很好地实践了这一点。

（二）

1920年又是一个总统候选年，威尔逊已经没有力量继续领导民主党的竞选了。因此，这一年也成了共和党的幸福年。共和党趾高气扬地宣称：

"威尔逊先生与他的王朝、他的继承人和受惠人，或他的任何人，任何对他奴颜婢膝的人，都必须下台，消除他们对美国政府的一切影响。"

这一年，共和党人推出的总统候选人是沃伦·哈定，而民主党则推出了詹姆斯·考克斯。但无论从哪个方面来说，沃伦·哈定都只是一个二流的政客。

此时的罗斯福已经在民主党的进步人士中赢得了至高的威信，成为民主党派内自由派的首领。出于多方面的考虑，考克斯选中了罗斯福作为副总统候选人。

8月9日，罗斯福发表了接受提名的演说，标志着竞选的正式开始。在演说中，罗斯福将外交政策放在了首要的位置，他强调：

"对我们目前面临的世界性问题，我们要么闭起双眼……成为一个与世隔绝的民族，沉湎于对过去的回想之中；要么睁开双眼，认识到现代文明已经变得错综复杂……以至于我们再也不能既生活在这个世界之中，却又超脱于这个世界之外。"

在谈到国内政策时，罗斯福强调，要进行大型的改革，解决政府工作效率不高的问题。同时，他还敦促美国人民要"向前看，不要向后看"。他说：

"我们反对在国家生活中麻木不仁，得过且过。"

11月初，罗斯福开始了旋风式的竞选演说。他说：

"我心目中的信念让我坚信，美国将选择进步的大道，将绝望的论调、卑怯的嗫嚅、倒退的小路统统抛到一边。"

在80多天中，罗斯福两次横穿全国，走遍了32个州，发表了近1000次竞选演说。其实罗斯福很清楚，考克斯是很难在这次竞选中获胜的，与此同时，他也不会成为副总统，但他仍然不遗余力地去参加竞选。在这个过程中，他比以往任何时候都更加密切地关注和接触美国民众，加深对他们的了解。

在11月6日的大选中，共和党人哈定获得压倒性胜利，而他们的多数党地位也得以恢复，并将这种局面保持了10年之久。

竞选虽然失败了，但罗斯福通过竞选在全国性的政治舞台上首次亮相，获得了丰富的竞选经验，并建立起了一个忠心耿耿的工作班子，在全国也出现了一批追随者。

竞选失败后，38岁的罗斯福10年来第一次成为普通公民。很快，他就投入到新的工作当中。这时，正好巴尔的摩金融家和报纸发行人范·李尔·布莱克的信托储蓄公司需要一位有声望的人担任纽约分公司的主任，他选中了罗斯福。罗斯福当时名声大、交际广，以下台官僚的身份担任此职，必定能够有所作为。

不久，罗斯福就到信托公司上班了，并且业务开展得也很顺利。经过活动，一大批工商资本家都被他网罗在该公司名下。

然而，就在罗斯福以巨大的热情投入到这家公司的证券和海外投资活动时，一场意外的灾难降临到了他的头上……

（三）

在1921年8月，罗斯福全家到坎波贝洛度假。同行的还有路易斯·豪，他是来与罗斯福商讨1922年的选举前景的。

8月10日这天早晨，坎波贝洛旁边的一个小岛上发生了火灾，罗斯福和孩子们一起跑过去把林火扑灭。回来后，罗斯福感到又累又热，便直接跳下水，想游一会儿泳，解解暑。然而芬迪湾的水冰冷刺骨，寒气仿佛一下子钻入了他的肺腑。

罗斯福冷得赶紧上岸，然后喊着孩子们一起回家。这时，他忽然觉得两腿肌肉酸疼，浑身也冷得发抖，很不舒服。但罗斯福并没在意，以为只是感冒了。

谁知道第二天，罗斯福就开始发高烧，甚至暂时失去了对身体机能的控制。埃莉诺急忙从卢贝克请来了乡村医生贝内特，他断定罗斯福是患了重感冒。

可罗斯福的病情却急剧恶化，左腿也变得软弱无力。后来，另一条腿也失去了知觉，剧烈的疼痛和麻木还扩展到了他的背部、肩部、手臂，连贝内特医生对此都有些摸不着头脑了。

到8月12日，罗斯福的双腿都已经不能动了，胸部以下全部麻木。路易斯·豪赶紧从缅因州度假地请来了费城著名的诊断专家威廉·W·基恩。

开始，基恩医生认为罗斯福患的是一种疯瘫病。但后来经过仔细诊断，他确定罗斯福所患的是脊髓灰质炎，也就是小儿麻痹症，并且还不能肯定他能否可以恢复健康。

脊髓灰质炎是一种多发生于夏秋季节的由脊髓灰质炎病毒引起的急性肠道传染病。患者在多汗发热、周身疼痛数日后常常会出现手足软弱无力、不能动弹的现象，这是因为病毒侵入了相应的部位后破坏了神经组织。严重的患者，病毒还可能侵入其脑神经，出现面瘫、吞咽和呼吸困难等症状，甚至危及生命。

这种病绝大多数发生在儿童身上，仅有极少数成年人因未获得此病毒的免疫力而导致病发。不幸的是，罗斯福恰恰属于这极少数成年人中的一个。

对于一个正值盛年的雄心勃勃的政客来说，这几乎是个致命的打击。这将意味着罗斯福不能再到处与选民进行接触，还要被当成残疾人看待，甚至一生都需要他人照顾，失去独立生活的能力。这一切，对于一个刚刚39岁的人来说，真是太大的灾难！

罗斯福患病后，埃莉诺日夜守护着他，给予罗斯福"最坚定的、最微妙的和最温柔的照顾"。

路易斯·豪依旧外表轻松地代表罗斯福同各界保持着社会的和政治性的联系。他对外宣传罗斯福患了重感冒，可能会转为肺炎，只字未提脊髓灰质炎。

到了9月初，在医生的认真诊治和埃莉诺的精心照料下，最严重的阶段过去了，罗斯福的病情有了明显的好转。14日，在路易斯·豪的周密安排之下，罗斯福乘坐火车回到了纽约。记者和看热闹的人们都亲眼看到罗斯福斜躺在临窗的卧铺上，面带微笑地叼着一根带有烟嘴的香烟。

随后，在路易斯·豪的安排之下，罗斯福被转到了纽约市长老会医院，由乔治·德雷帕大夫负责为他治疗。这时，豪才向报界承认罗斯福患上了脊髓灰质炎，两腿不能行走。但同时他又提供了德雷帕大夫的乐观的病情报告，大夫宣布：

"他不会成为残疾，谁也不必为罗斯福这次得病会留下永久性的伤残而担心。"

事实上，德雷帕大夫自己都很担心，罗斯福可能永远都坐不起来了，更不要说自己能站立或行走了。但是，他知道病人的精神状态对病情的恢复至关重要，因此他并没有把自己的担忧说出来。

在治疗过程中，罗斯福一直非常积极地与大夫配合。他坚毅顽强、充满乐观，每天都在大夫的指导下进行艰苦的训练。在这个曾被看作是花花公子的人身上，似乎蕴藏着极大的勇气和毅力。

为了能让两条腿站直，德雷帕大夫不得不给他的腿打上石膏。这样，罗斯福每天都好像在中世纪的酷刑架上一样，要将两条腿关节处的楔子打进去一点，以便可以让肌腱放松一些。

没多久，罗斯福的手臂和背部肌肉就强壮起来了，他最终也能够坐起来了。12月初，他对朋友说：

"再过几个星期，我就能用拐杖走路了。大夫说明年春天我就可以完全不瘸不拐地走路了。"

（四）

一连几个月的艰苦锻炼，到1922年2月，罗斯福已经开始练习走路了。他戴上用皮革和钢制成的架子，而且终生再也没有脱下。这副架子重达6.4千克，从臀部一直到脚踝，在膝盖部被固定住，这让他的双腿如棍子一般僵直，行走也异常艰难。

每天，罗斯福都要接受治疗，进行各种各样的锻炼。为改善身体状况，他以坚强的毅力和勇气毫不屈服地与病魔搏斗。

罗斯福还让人在草坪上架起了两条一高一低的横杠，每天他都要接连几个小时在两条杠子中间来回挪动身体；他每天坚持走一定的路程，哪怕屡次摔倒也不退缩；他还让人在他的床上方安了两个吊环，以便能靠吊环让自己起身，在床上活动。

为了防止在遭遇火灾时爬不出去，罗斯福还学着靠手臂的力量爬行很长一段时间。对此，他丝毫不觉得难为情，还高兴地爬给别人看，令身边的人感动不已。他还在游泳上花了很多时间进行锻炼，而且一再说：

"水使我得病，水也会把我治好的。"

由于身体原因，罗斯福辞去了一部分职务。路易斯·豪认为，最困难而又最重要的事，就是要让罗斯福在政治上保持着与外界的联系。为此，豪不辞劳苦，写了成千上万封信，接见了数以百计的人，说服他们支持和帮助罗斯福。同时，他还不断给罗斯福打气，敦促他自己对外写信，会见客人，做出各种政治姿态。豪对埃莉诺说：

"人们是很健忘的，我们得叫罗斯福的名字真正响下去。"

豪还建议埃莉诺加入民主党州委员会的妇女工作部。在那里，埃莉诺结识了许多新朋友和重要人物，最后还当上了财务委员会的主席。她经常出入于妇女选民协会和妇女工作协会，成为她们之中的知名人士。

为了便于对外联系和开展各种社交活动，埃莉诺还在几乎没有人帮助的情况下学会了开汽车和游泳。她要加强锻炼，既要照顾好罗斯福，又要适应政治生活上的各种需要。

就在罗斯福为恢复两条腿的功能而努力锻炼，准备重新进入政界时，他的妻子埃莉诺和母亲萨拉之间为他的前途产生了矛盾。

在罗斯福患病后，母亲萨拉一直希望罗斯福能够退出政界，跟随她回到海德公园，在那里过着乡村绅士的平静生活，守住家族的产业，做自己喜欢的任何事。她还决心打破路易斯·豪和埃莉诺之间的同盟，将她的儿子拉回到自己身边。她非常讨厌路易斯·豪，称他为"丑陋肮脏的小人"，并指责他们这样做是在给罗斯福增加不必要的负担，是对一个残疾人的折磨。

而埃莉诺与路易斯·豪的看法同萨拉正好相反，他们希望罗斯福能够像过去一样，积极地从事政治活动。如果将他当成一个残疾人来对待，会让罗斯福一蹶不振。为此，他们经常请一些政界的朋友到家里来，想让罗斯福随时都意识到自己在政界中的作用和价值，促进他尽快康复。这样，当罗斯福有一天意识到自己一辈子就只能坐在轮椅上生活时，政治就成了他唯一的出路。在政治上，需要的是头脑，而不仅是身体。

经过艰苦的锻炼，罗斯福的体力增强了许多。1922年秋，罗斯福重新回到信托储蓄公司工作。

开始时，罗斯福每周只工作两天，慢慢增加到3天，最后是4天。在上班期间，他的日程排得很满，每天早晨8点半会见路易斯·豪和其他来访者，这样就开始了一天的工作。两个小时后，他来到办公室，一直干到下午5点钟。回家后，喝点茶，活动一下身体，还要继续会见来访者。

在罗斯福患病期间，路易斯·豪成了他的双腿。他代表罗斯福参加政治和慈善机构的会议，替罗斯福在拍卖场上购买书报、邮票，为罗斯福家里的事情四处奔走，成为罗斯福忠诚的帮手和可以信赖的朋友。

从1924年到1926年，罗斯福每年都乘坐游艇到佛罗里达海岸边游弋。大多数情况下，陪同他一起去的都是他的生活秘书玛格丽特·利汉德小姐。

1924年，罗斯福抱着一种试试看的心态前往佐治亚州西南部的一个温泉中进行治疗。那里当时只有一座破旧的古老旅馆，几间刷着白漆的小屋，还有一个室内游泳池。由于年久失修，这里已经很久都没有人光顾了。

当罗斯福泡到温泉中时，他的双腿立刻感到一种"天堂般的温暖"。温泉中的水温达到华氏86度，并且含有丰富的矿物质，因而浮力很大。罗斯福舒适地在其中活动肢体。患病3年以来，他第一次感到自己的腿和脚又有了力气。

罗斯福在温泉待了6个星期，这也是他一生中最悠闲、最清净的一段日子。离开那里时，罗斯福在水中行走已经不需要再用支架支撑了，就像没有生病一样。这让罗斯福非常高兴，他觉得自己6个星期以来所获得的力量，比过去的3年加起来都要多。

1926年4月，罗斯福花19.5万美金买下了温泉。这对他来说是个不小的负担，几乎花去了他大部分的财产。随后，罗斯福在这里成立了非营利性的佐治亚温泉基金会，致力于小儿麻痹症患者的康复。

此后，温泉的声誉与日俱增，既吸引了一批批患者前来，又吸引了一些有名望的人来这里投资。这在一定程度上缓解了罗斯福的经济压力。几年后，温泉成为研究和治疗小儿麻痹症的国际中心。

第八章　任纽约州州长

以嘲弄的眼光看待人生，是最颓废的。

——罗斯福

（一）

在罗斯福刚刚生病的一段时间，埃莉诺简直慌乱无措。她回忆道：

"当时有许多事情要做，要管家务，要照顾孩子……我简直没有时间考虑自己的反应，只能一天天地把日子过下去，尽量将事情做好。"

但很快她就克服了困难，勇敢地面对这一切。在路易斯·豪的帮助下，她开始学习讲演，与人沟通，单枪匹马地到各地参加各种会议、各种活动，其目的只有一个：不能让社会忘记她丈夫的名字。

到1924年，埃莉诺的努力终于有了结果：在刚刚获得选举权而又占选举人数目一半的妇女选民中，罗斯福已经是一个知名人物了。当然，埃莉诺所取得的这些成就，离不开路易斯·豪的大力帮助。

如今，富兰克林·罗斯福的名字再次响了起来。在他的府第，每天都有进进出出的人群。最先去罗斯福家中"登门求救"的人中，有一批是纽约州北部的自由派民主党人。当时，民主党的形势发展岌岌可危，共和党哈定的当选令他们元气大伤。威尔逊点燃的烈火已被烧得惨淡无光。

而随着宗教和种族偏见的恶性发作和党内的四分五裂，理应被废弃的三K党突然死灰复燃，杀气腾腾地充当了一股一意孤行的逆流的急先锋。他们反对犹太人，反对黑人，反对天主教徒，除了神话般的所谓百分之百的美国人外，他们无所不反。

面对这些，民主党束手无策，他们此时简直已经成了一批只想当官，却从不认真考虑一下究竟为什么要选他们上台的乌合之众了。

1924年，又到了总统选举年，民主党人希望罗斯福能出来参加竞选，重振士气。但罗斯福说：

"在甩掉丁字形拐杖走路之前，我不想参加竞选。"

不过不久后，罗斯福便改变主意，决定出席6月24日在纽约召开的民主党全国代表大会。这样做一方面为支持艾尔·史密斯作为总统候选人的提名；更重要的是，他要发出他本人重新返回政界的信息。

艾尔·史密斯是一个爱尔兰人与意大利移民的儿子，自幼在纽约市曼哈顿南区长大，是罗马天主教徒，主张废止禁酒的一切法案。早期在奥尔巴尼州议会，他将实体主义改革与为党的指导机关服务结合起来，赢得了普遍的尊重。

1918年初，艾尔·史密斯竞选州长成功，这更加证实了支持他的城市移民的力量日益强大，也表明了他在一定范围甚至更广的公众中具有一定的威望。现在，他已经成为民主党竞选1924年总统的候选人。但罗斯福担心的是，史密斯的宗教信仰和反禁酒主张将成为他竞选过程中的两大不利因素。因此，他建议史密斯在大选年中以一种比较委婉和变通的方式对待这两个问题，但坦率诚实的史密斯却不愿意这样做。

为此，罗斯福决定"出山"，为民主党竞选争取选票支持。他与史密斯结成了互利联盟。史密斯要想获胜，就需要利用罗斯福在民主党内所拥有的广泛支持；而罗斯福要想重返国际性政治舞台，就必须及时抓住史密斯竞选负责人的这一契机。

出于这方面的考虑，罗斯福开始全力以赴地投入到竞选工作当中。通过庞大复杂的情报系统，他取得了各州代表团中的个人和政治方面的详细情报，第一次看到了全国代表大会后面所隐藏的种种复杂内幕。

除此之外，罗斯福还想通过这次总统竞选表明自己的政治立场，为自己赢得更加广泛的支持。

（二）

1924年6月24日，民主党全国代表大会在纽约麦迪逊广场花园召开。富兰克林·罗斯福在大儿子詹姆斯的搀扶下，撑着丁字形拐杖，缓慢而艰难地顺着后面的斜坡走向演讲台。在让人先看了看演讲台是否结实并得到确认后，罗斯福放开儿子的手，双手拄着拐杖，一步步艰难地走向演讲台。

此刻，周围的空气仿佛凝固了。所有的人都屏住呼吸，担心罗斯福可能会摔倒。当罗斯福终于走到演讲台时，他放开了拐杖，双手撑住台面，对台下的观众露出了胜利的微笑。顿时，人群中爆发出如雷般的掌声和欢呼声，一直持续了好几分钟。无论从哪个方面来说，此次演讲对罗斯福本人都是一场胜仗。

这是罗斯福自从淡出政界之后所发表的第一次重要演讲。在演说中，他还引用了美国平民总统亚伯拉罕·林肯的话：

"我真诚地请求大家克服分歧，加强团结，我们要牢记亚伯拉罕·林肯的话——'对任何人都不怀有恶意，对所有人都充满善意'。"

以这一名言为前提，罗斯福响亮而有力的声音传遍了大厅的每一个角落，开始了他以纯粹的真诚渲染着艾尔·史密斯的优良品质——"他是驰骋于政治疆场上的'快乐勇士'，他受到大众的爱戴、信任和尊敬，大家也承认他能够在今年为我们赢得巨大胜利。这是个应运而生的人，我们州将骄傲地将他献给我们的国家，为我们自己的艾尔·史密斯……"

罗斯福的话还没有完全说完，后面的部分已经湮没在经久不息的雷鸣般的欢呼声音了。复出后的罗斯福表现得无懈可击，其精彩动人的演说本身就获得了空前的成功，并因其恰如其分地引用英国诗人华兹华斯的名句为被传颂为"快乐勇士演说"。

　　然而，民主党内存在并日益激烈的分裂使得代表们在确定候选人的争斗中都筋疲力尽。最终，民主党同意了一个折中的候选人——华尔街的著名律师约翰·W·戴维斯。而且，党内分裂也极大地破坏了民主党自身在选民中的印象。在随后的总统竞选中，戴维斯的票数之低超过了民主党有史以来的记录。而共和党人柯立芝则以绝对的优势当选为美国总统。

　　虽然此次总统竞选民主党人没有获胜，但民主党代表大会对罗斯福个人来说却是一次胜利，他赢得了党内对立两派的共同赞扬。他那愉快的神态、绅士一般的风度让人们忘记了他身体上的残疾，在不知不觉中就被他所吸引了。无论在各州的党魁中，还是在普通党员中，他都赢得了极好的口碑。

　　与此同时，1924年的民主党全国大会也使罗斯福更加清楚地意识到党内分裂对全党力量的巨大破坏作用。他开始呼吁全党团结起来，建立一个全国组织，消灭党内的派系主义和地方主义。

　　罗斯福之所以提出这样的观点，是基于他对20世纪20年代美国社会状况进行的不断探索。他发现，一战后特殊经济条件下的国内繁荣还会在一定程度上继续下去。在这种情况下，执政的共和党仍然会保持一定的威信，民主党想再夺回领导权是很难的。因此，此时民主党的唯一出路就是首先搞好自身建设，在此基础上伺机而动。

　　为了实现全党团结的目标，并对陈旧而不合时宜的民主党领导机构进行改革，罗斯福开始了他的努力。在路易斯·豪的协助下，罗斯福向参加过1924年代表大会的代表们发出了3000封公开信，以谋求"东、南、西、北各地的民主党人士都能接受的共同点"。

　　在信中，他请他们提出如何对党进行改进的建议，并附有详细的启发式提议：全国党应在两次选举之间的时间里发挥指导机关的作用，同州的党组织密切协作；党必须建立一个健全的财政基础；应改进党的宣传工作；党的领袖应经常会面，商讨如何采取联合行动；等等。

　　但是，各地党员对罗斯福的公开信的答复却反映出了普遍的不满和悲观，多数复信都承认党内存在着社会与地区的对抗状况，但同时也表示愿意支持罗斯福关于党内改革的提议。

（三）

从1926年到1927年，民主党内的办事机构几乎不复存在，连家具和档案等都放进了储藏室。但民主党在选举州长、议员、市长及其他职位时，其结果比在选举总统时要好得多。

这期间，罗斯福仍然积极地从事各种政治活动，又写了几千封信向这些新当选的民主党人表示祝贺，向落选者表示同情。一有机会，他就会与新朋老友会晤，积极关注国内外重大时事及敏感的争端问题，并不失时机地发表一些态度温和而得体的评论。

在这期间，罗斯福还谢绝了纽约州民主党组织要求他竞选联邦参议员的方案，主要是为避免卷入国会的党派争端。

转眼又到了1928年的总统竞选年。这次，在上次选举中落选的现任纽约州长艾尔·史密斯得到了民主党总统候选人提名的可能性非常大，因为党内的反对势力已经大大削弱，造成他在党内受排挤的各种因素也都在淡化。

另一方面，民主党领导人通过1924年的那次惨败也认识到，党内纷争的结果只有两败俱伤，徒令共和党人坐收渔翁之利。而且，此时的民主党内也很难再推选出一位与史密斯相媲美的得力候选人，艾尔·史密斯成了民主党唯一的希望。

与此同时，共和党推出了商务部长赫伯特·胡佛为共和党此次的总统候选人。作为柯立芝繁荣时代的主要人物，他对选民有着更大的吸引力。

这一年，罗斯福仍然被选中提名史密斯作为总统候选人，并作了提名史密斯的演说。但与上次不同的是，这次他的对策也发生了变化。1924年的露面已经令他的复出震撼人心，所以此次他的演说比较低调，以免因为分寸把握不当而令听众有今不如昔的感觉。

随着竞选活动的开始，民主党的前景也日渐黯淡。处于柯立芝繁荣中的选民们更为信服共和党所宣扬的"繁荣方针"，对民主党那种没有根据的空口许愿没什么兴趣。史密斯也认识到了这一点，同时还认识到共和党在全国势力的扩张。为了确保能得到更多的选票，他力劝在民主党内深孚众望的罗斯福出面竞选纽约州州长。

但出于慎重考虑，罗斯福不愿意接受这次州长竞选。一方面，他认识到民主党的败落不可逆转，他不愿陪着史密斯去失败。何况他已经上升为一名举足轻重的没有陷入派系斗争的全国性人物了，纽约州州长毕竟只是一位地方人士。一旦他当选州长，他就会降为地方人士，难以继续保持振臂一呼而从者云集的举足轻重的地位。

路易斯·豪也赞同罗斯福的想法，他希望罗斯福能够静候机会，待水到渠成之时再顺利入主白宫。

但是，史密斯和纽约州民主党首领却不这么看，他们亟需一位强有力的人物来填补史密斯离任后的空白，以免纽约州落入共和党之手。为此，他极力劝说罗斯福，甚至鼓动党内其他人士来劝驾。罗斯福面临一种众望所归、欲罢不能的局面，最后不得不答应"服从党的需要"。

（四）

1928年10月，罗斯福响应党对他的指示，接受了作为纽约州州长候选人的提名。他的提名被与会代表一致通过，这再次说明他参加州长竞选是众望所归。

这是罗斯福在身患重病之后第一次参加重要公职的竞选。在竞选的第一天，罗斯福就碰到了他从此以后终生都不得不与之搏斗的问题，即他的政敌利用他的残疾大做文章，共和党的报纸攻击艾尔·史密斯为了自己的野心，无情地让一个瘸子作出牺牲。他们这个提名对罗斯福和全州的人民都不公平。他们的评论是：如果罗斯福的朋友想为他做点好事的话，最好的办法就是投票反对他。

针对这些攻击，艾尔·史密斯在记者招待会上说：

"我们认为，一个州长不一定是一个杂技演员。我们选他不是因为他能做后滚翻或前空翻。州长干的是脑力活，是想方设法为人民谋福利。"

罗斯福也郑重地声明，他并不是被逼着来参加竞选的。他说：

"我之所以会出来参加竞选，那是因为党内的领袖和代表集会时，一致认为我的提名对选民们来说，是史密斯州长的政策得以贯彻的最好保证。正因为他感到，我自己也感到，史密斯州长所建立的州政府，以及他树立的为人民服务的崇高理想，正处于危难之中，所以我才接受提名。因为这事关重大，丝毫都不能考虑个人的得失。我一定要在这场斗争中获得胜利。"

同时，罗斯福还宣布，他要在本州的各个角落与选民们会面，通过直接对话粉碎造谣者对他的中伤。

路易斯·豪很快就投入到罗斯福竞选活动的组织工作当中，他为罗斯福建立起几个专门的委员会，以迎合各个团体的需要。他还为罗斯福找来了一位大学教授担任助手，这是竞选中前所未有的创举。

接着，罗斯福便带着他的一班竞选人马开始为期4周的竞选宣传。为了使自己能与更多的选民接触，在竞选后期，罗斯福改乘汽车而不坐火车，这样可以帮助他在几十个村长和路口向选民们讲演。

在竞选过程中，罗斯福脸色健康，精神抖擞，与选民们热情地握手、拍肩，谈笑风生，表演出作为候选人所该表演的一切。

他拖着伤残的身体每天都要做平均320多千米的竞选旅行，发表12次演说。他还充分利用新出现的无线电广播，使自己的听众大幅增加。在竞选的后3个星期中，罗斯福的行程达2000多千米，发表了50多场演说。这使随行的许多人都感到疲惫不堪，他却宣称：

"如果再竞选6个月，我就可以扔掉拐杖了。"

在11月6日的总统大选中，共和党人赫伯特·胡佛在前任功绩的光辉下大获全胜，艾尔·史密斯一败涂地，民主党在全国遭到惨败。然而在这种严峻的形势之下，罗斯福却击败了自己的对手——民主党的奥廷格，当选为纽约州州长。

1929年元旦，罗斯福在奥尔巴尼拥挤的议会大厅中，手按着家里的那本荷兰版《圣经》宣布就职。恰好30年前，西奥多·罗斯福也是在这个房间中宣誓就职的。

在此后的州长任期内，罗斯福坐镇奥尔巴尼，处理各项事务，独立地担任起州长的重任，打消了人们的顾虑。路易斯·豪和埃莉诺则时刻提醒他要密切关注华盛顿，决不能只囿于纽约州，要牢记此时的政绩是在为入主白宫做准备。

在州长任内，罗斯福的施政重点如养老金计划、劳工权利、水土保持、发展水电、社会救济以及公共福利等，都为日后推广到全国作了预演并取得了经验。尽管他追求进步的改革效果并不理想，但罗斯福以其坦诚、直率而新颖的姿态和广泛的舆论影响打动了广大选民的心，不仅是在纽约州，在全国人民心目中都大大地提高了自己的声望。

此外，在担任州长期间，罗斯福实际上已经组织好了他日后竞选总统时的智囊团和领导班子。其中的人员包括哈里·劳埃德·霍普金斯（罗斯福担任总统期间最得力的助手）、弗朗西斯·珀金斯（美国第一位女内阁部长）、亨利·摩根索（财政部长）等。

在1930年的纽约州州长竞选中，罗斯福采取了避实击虚的策略，针对共和党竞争对手查尔斯·塔特尔的攻击，他说：

"别让你的对手来选择战场。要是他选择了一个战场，你就别进去，让他一个人在那里打好了。"

此时，罗斯福将自己的竞选议题集中在水力、电力、农业、劳工、公共工程、禁酒法以及养老金等人们普遍关注、关系到每个人切身利益的问题上。

事实证明，罗斯福的策略是成功的，最终罗斯福击败对手塔特尔，连任纽约州州长。

此次能够连任，一方面是由于罗斯福独特的风格赢得了选民的支持；另一方面，也是由于1929年的经济危机令人民普遍对共和党人总统胡佛感到失望。从一定意义上来说，经济危机给民主党在此后1932年的总统竞选中获得成功提供了绝好的机会。

第九章　入主白宫

　　书不会毁于战火。人会死，但书永不死，没有人也没有武力可以终止记忆。

——罗斯福

（一）

　　罗斯福是在国内太平无事、一派欣欣向荣的背景下走马上任出任纽约州州长的。柯立芝曾说，美国是一个搞实业的国家，所以需要一个为实业界服务的政府。他的名言是：

　　"建立一座工厂就是盖一座圣殿，在工厂里干活就是在那里做礼拜。"

　　满怀信心的胡佛则以"更大的繁荣"为口号取得了白宫的入场券。他在竞选总统时宣称：

　　"我将继续推行过去8年来的各种政策，在上帝的帮助下，我相信，我们很快就将目睹贫困被放逐于这个国家之外的那一天。"

　　柯立芝在任美国总统期间，国家的繁荣主要体现在两大方面：

　　一、由于科技的发展，生产效率获得极大提高，人均国民生产总值从1923年的44美元上升到1929年的500美元；国民生产总值从1923年的812亿美元上升到1929年的984亿美元。

　　二、国内工业生产在汽车、电气及耐用消费品和建筑等领域均获得

65

很大发展。

有了之前的"柯立芝繁荣",胡佛自然是满怀信心了。

然而,有一点却不能忽视,那就是柯立芝时代的许多消费品都是以分期付款的方式来进行的。也就是说,所谓的"柯立芝繁荣"基础并不牢靠。胡佛虽然托"繁荣"之福,顺利地战胜民主党对手,竞选总统成功,但柯立芝同时也将一个随时都会爆炸的炸弹交到了胡佛手中。胡佛不会想到,上任没多久,他就被经济搞得焦头烂额了。

在柯立芝时代,倒卖股票已经成为最流行的投机生意,各个阶层的人们都被吸引到证券市场上去。人们都信奉这样的宣传:买股票就能赚钱,早买早赚,不买钱就被别人赚去了。人们手中的股票不断升值,但谁也不愿抛出。于是,工业、公共事业、铁路和银行都"像制造肥皂块那样"赶紧制造新股票上市。

当时任商业部长的胡佛曾对这种愈演愈烈的投机活动表示关心,但他却没能使股票市场恢复即使是表面上的稳定。各大证券交易所的股票行情都以胡佛上任为信号,掀起了再一次的高潮。股票证券的制作与分配成为当时重要的热门行业,商业及其准则主宰了一切,举国上下的各个阶层和各类机构几乎都淹没在如罗斯福所言的那种"虚假繁荣"的巨大泡沫之中。

1929年10月24日的"黑色星期四",纽约证券市场在经历几次小小的预震后出现了坍塌,几十种主要股票价格垂直狂跌,绝望的人们疯狂地抛售手中的股票,当天就有1289万股易手。

崩塌的高潮终于在10月29日这天到来了:大批的股票涌入市场,不计价格地抛售。这天的疯狂交易最后以1641万股的最高纪录收盘。

根据《纽约时报》的统计,50种主要股票的平均价格几乎下跌了40档。与此同时,在另一些市场,如外国股票交易所、美国较小的交易所、谷物市场等,价格惨跌并接近恐慌状态。到11月中旬,股票价格再一次狂跌,"柯立芝—胡佛繁荣"处于垂死的边缘。

这次股票暴跌还只是经济全面持续衰退的一个开端。在此后的3年当中，金融业、工商业的指数一次次成比例地剧烈下降。作为20世纪20年代经济繁荣支柱的钢铁、汽车、建筑等行业，衰退情况更是惊人，许多知名企业在消失。农民的总收入普遍下降，对外贸易总额也在快速下降，失业人数最高时达1500万人。所有这些，构成了美国20世纪30年代的经济大萧条。

（二）

面对猛烈的经济危机所带来的巨大灾难，胡佛总统急得辗转反侧，吃睡不宁。他的双眼因为劳累和发愁而熬得通红，但却无力扭转这一严重的局面。整个美国几乎都陷入一种抱怨、谩骂和愤怒之中，乱成一团。胡佛总统的威望、信誉至此也彻底垮台了。对于这一切，罗斯福曾预言，此后共和党再也不能稳稳地坐在白宫里了。

可以说，席卷世界的这场经济危机为罗斯福进入白宫创造了有利的条件。因此，在他取得1930年州长选举的全面胜利后，就立即开始争取民主党总统候选人的提名活动。在他进入奥尔巴尼政府那天，受到了5000多名群众的冒雨夹道欢迎。群众纷纷向罗斯福高呼：

"我们的下一任总统！"

罗斯福为自己的此次竞选活动亲自作出了重大的战略决策，而日常工作都托付给路易斯·豪和法利去处理。

经济危机发生后，罗斯福意识到纽约州失业问题的严重性，但他仍然认为这种萧条只是暂时的。他认为，逐渐加剧的失业问题最好依靠实业界的大亨来解决，而不是由政府出面干预。他指定了一个紧急救济失业委员会来采取措施，对付不断加剧的失业问题。这种措施使得纽约州成为主动采取对付失业措施的第一个州。

在美国的48个州长当中，罗斯福也是处理经济萧条最积极的一个。他肯定形势的严重性，但也要找出问题的性质、因果关系，然后找出方法来战胜它们，并阻止它们带来的灾难性后果。

在罗斯福的紧急敦促之下，1931年底，纽约州在全国的48个州中最早成立了临时紧急救济署。具有"洞察一切的判断力"的哈利·霍普金斯担任执行主席，负责这一具体计划的实施。

在1930年的国会选举中，共和党已经丧失了在众议院中的优势，在参议院的多数也降到了最低限度。到1932年的总统竞选，共和党已经不能推出新的候选人了，就只能由胡佛迎战。民主党很清楚，胡佛没有连任的可能，这就意味着谁能获得民主党的总统竞选提名，谁就能顺理成章地成为未来白宫的主人。在这种情况下，民主党内部的竞争是相当激烈的。

1931年初，路易斯·豪与法利创立了一个掩护竞选活动的组织——"罗斯福之友"，向公开争取提名跨出了一步。罗斯福自己也直言不讳地表明，自己将争取下一届总统候选人的提名。

在争取获得提名的斗争中，罗斯福也遭到了许多困难，而最大的困难就是遭到党内一些有影响、有分量的人物的反对，其中还包括民主党的元老艾尔·史密斯、众议院议长约翰·加纳和曾在威尔逊政府中担任陆军部长的牛顿·贝克。他们还得到了在舆论界颇具声望的沃尔特·李普曼的支持。

李普曼认为，罗斯福充其量也不过是个"和蔼可亲的童子军而已，根本不具备担任总统的任何重要品质，但只是非常想当总统而已"。他认为罗斯福是一个没有任何理论指导的人，是个实用主义者和实验者。然而，李普曼的这一判断成为历史上的重大失误。事实证明，罗斯福在担任总统的12年中，不愧为美国历史上一位伟大的总统。

（三）

面对来自各方面的攻击，罗斯福必须用事实来说明他不是一个急功近利者，而是一个有远见、有头脑的政治家。作为纽约州的州长，他所关心的的确偏重经济萧条的影响；现在，他必须把目光看得更加长远才行，要能够提出对付动乱的根源以及减少动乱后果的措施与政策。

罗斯福不愿使他的竞选活动刚一开始，就处于比对手领先遭受风险的地位。因此，他进行了系统的努力，先回避包括一些有关外交政策中有争议的敏感问题，以免引起主要集团之间的对抗。只有先获得提名和当选总统，才能有时间和能力去对选民进行教育。

这时，罗斯福的智囊团发挥了作用。这个由罗斯福—奥康纳事务所合伙人巴尔斯·奥康纳、法学教授莫里、农业问题权威特格韦尔、公司法和信贷专家阿·伯利和罗森曼五人所组成的著名的"五人智囊团"的第一个成果，就是经过整整一个月的探讨、争论、修正、定稿和形成的一系列方案，其代表便是一个厚积薄发的纲领。这就是罗斯福在1932年4月7日"幸福牌香烟"广告节目时间向全国发表的10分钟演说。

虽然这次演说是在民主党全国委员会主持下发表的，但罗斯福这位候选人为了有利于自己，提出了一项积极的计划，旨在消除自由派对其改革主张所持的疑惑。

罗斯福以具有预兆性的语言，驳斥了共和党和民主党保守派提出的"涓涓细流"的建议，而要求采取一种"由下而上而不是由上而下做起的，将信心再次放在经济金字塔底层那些被忘却的人们身上的复兴计划"。他呼吁，应将复兴金融公司的一部分资金借给面临破产的小商人和农民，这一切将是新政的重要部分。

罗斯福说：

据说，拿破仑的滑铁卢惨败是由于他忘记了步兵而把一切都寄托在比较显眼但较次要的骑兵身上。现在的华盛顿当局不完全像拿破仑，但又有些像拿破仑。当局也许是忘记了，也许是不愿意想起，我国经济"大军"中的那些"步兵"们。目前，这样的艰难时局要求我们把计划建立在经济大国中被遗忘的、没有组织起来的，但又是不可或缺的那些单位之上；要求我们自下而上而不是自上而下地制订计划；要求我们把这些计划重新建立在对经济金字塔底层被遗忘的人的愿望和信念之上。

……任何一个民族，如果有一半人破产便不可能存在；如果有半数买主失去了购买力，内阁、百老汇、工厂、矿山就都要统统关门……已经是时候了，我们必须勇敢地承认，我们处于至少和战时相差无异的非常状态。我们要动员起来，一起渡过难关。

罗斯福热情、自信的声音很快就激起了中西部、南部等广大选民的深切共鸣。这次关于"被遗忘的人"的讲话，不仅逼真地刻画了经济大萧条中人民的境遇，而且因是在竞选活动中争取代表的关键时刻发表的，因此纽约州长罗斯福成为受苦者和被剥削者的众望所归的人物。他们仿佛在黑暗之中看到了一线曙光。

1932年6月的最后几天，民主党人兴高采烈地从四面八方来到芝加哥，他们确信下一届美国总统将由民主党人来担任。由于总统候选人问题，民主党内部进行着明争暗斗，罗斯福没有亲赴芝加哥出席代表大会，但却稳坐纽约，静观阵势，只有他的竞选班子在会上四处活动。

经过几个回合的角逐和战斗，罗斯福终于以三分之二多数的选票获得总统候选人的提名。曾经称他是"和蔼可亲的童子军"的李普曼此时也不得不改口说：

"我确信，这位州长的能力或许是被低估了，或许更可能是他还很年轻。他是可以令人惊奇地发展和成熟的。"

随后，李普曼宣布他会"愉快地投罗斯福州长的选票"。

按照传统的管理，被提名的总统候选人要等待几个星期，听候党的委员会给他送来获得提名的正式通知书；但是，罗斯福决定打破这一由来已久的惯例，戏剧性地实现他的意图，其办法就是采取前所未有的行动，由奥尔巴尼飞往党代表大会会场，直接去发表他接受提名的演说，而不是坐等隆重的通知仪式的到来。

（四）

7月2日上午7时，罗斯福乘坐飞机从奥尔巴尼飞往芝加哥，随行的人有罗森曼、埃莉诺和两个儿子、秘书利汉德等。途中，飞机因风暴袭击而两次着陆加油，罗斯福则忙着在机舱里紧张地整理罗森曼为他起草的演讲稿。

9个小时后飞机才抵达芝加哥。到达会场后，罗斯福径直走向演讲台，向与会的代表，以及全国大约1000万簇拥在收音机旁的听众发表了字斟句酌的、"充满希望"的讲话。罗斯福说：

> 在今后履行任务之初，我就打破了一个荒谬的传统，那就是：一个候选人要在几个星期里对所发生的事情一无所知，一直等到好几个星期后才有人正式通知他这件事。现在，你们已经提名我，我也知道了这件事，我现在到这里来就是感谢你们给予我的荣誉。让这件事也作为象征，表明我这样做就是打破传统。让打破愚蠢的传统成为我们党今后的任务。

接着，罗斯福又缅怀了民主党作为一个自由主义的进步政党在历史上所起到的作用，回顾了20世纪20年代景气和萧条的历史，数落了执政的共和党在应付危机方面的无能，简述了他为渡过危机而准备复兴的计划。他说：

> 美国人最需要的是什么？我认为，他们需要两样东西：包含一切道德和精神价值在内的工作；与工作一起的还有适度的安全，包括自身的安全、家人的安全等。工作和安全，对每个人来说都十分重要，不能只是说说而已，更不能就事论事。它们是一种精神价值，是我们的一切重建工作所要达到的真正目标。

为了实现这些目标，罗斯福提出了类似他作为州长时所提出的那些计划：为穷苦百姓提供联邦救济；兴办自给的公共工程项目，为失业者提供职业；废除禁酒法；植树造林，以便更好地使用土地；降低对房屋和农场抵押品的利息；调节证券交易；自愿执行农作物控制计划，减少剩余农产品；降低关税税率；等等。

当罗斯福将这些计划传达给听众时，语调中充满了信心。代表们认为，这不是通常那种有意获得代表们拍手叫好的鼓动性演说，而是"对形势的明确分析"和对一个大胆的解决方案所进行的概述。

直到演讲即将结束，罗斯福才加入一些充满激情的话语。他说：

> 人类从每一次危机、每一次劫难、每一次灾祸中获得新生时，他们的知识都会变得更加广泛，道德变得更加高尚，目标也变得更加纯洁。而今天，这是个思想涣散、道德堕落的时代，一个自私自利的时代……我们不要只责备政府，也要责备我们自己。要相信，我们的几千万公民希望他们传统的生活准则和思想准则并没有一去不复返，他们的这一个希望不会落空，也不应该落空。

我向你们宣誓，我也为自己宣誓：要执行有利于美国人民的新政，让我们全体在场的人都成为未来那种富有成效和勇气的新秩序的预言者。这不仅是政治竞选，这是战斗的号令。请你们帮助我，不仅是为了赢得选票，而是要在恢复美国固有的这一伟大进军中取胜。

（五）

罗斯福的竞选总部设在纽约市麦迪逊大道331号的一所不太引人注目的办公楼里，这里有600多名工作人员。依照惯例，罗斯福任命法利为民主党全国委员会主席。法利和莫里在工作上有着严格的分工：法利负责在全国拉选票，他精通战略，熟悉细节，建立了现代总统竞选的模式；莫里负责率领"智囊团"为罗斯福起草竞选演说和备忘录。

为了证实自己的身体很好，精力充沛，平息那些关于他健康的各种谣言和非议，罗斯福选择了巡回旅行的"树桩演说"竞选方法。

1932年9月12日，由6节车厢组成的竞选专列从奥尔巴尼出发，陪同罗斯福一起出行的有埃莉诺和儿子吉米、利汉德小姐、莫里、法利、参议员基·皮特曼、技术人员、记者、保安以及"纽扣俱乐部"的成员马·文·麦金泰尔等人。

罗斯福的专列横穿北美大陆，抵达西海岸的旧金山，然后调头到洛杉矶、西雅图、亚利桑那、新墨西哥、科罗拉多、内布拉斯加、艾奥瓦、伊利诺斯、底特律等，随后又到南部诸州，还有一次到了属于共和党势力范围的新英格兰。

在这一路上，罗斯福行程大约1.3万千米，共发表了16次重要的长篇演说和67次短篇演说，将他的施政观点和应对经济危机的措施全部又阐述了一遍。沿途所见的经济危机后的景象让他大为震惊，情况远比他想象得更糟糕，到处都是失业的人群，到处都是等待救济的饥民。他说：

"我观察过千千万万个美国人的面孔，他们露出了迷路儿童似的惊惶之色。"

罗斯福回忆起一战停战后的欧洲，好像又看到了饱受战争灾难和奴役的人们。

在很多问题上，罗斯福并不单刀直入地明确表态，而是尽量多留些余地，以便自己始终都处于稳固的地位。但是，他所有的演说都是通过抨击胡佛政府来强调改变现状的必要性和紧迫性。他用4句话对胡佛政府进行了严厉的批评：

一、它通过虚伪的经济政策鼓励了投机活动和生产过剩；

二、它极力低估经济大萧条的严重性；

三、它错误地将经济原因归罪于国家，拒绝承认和纠正国内的弊端；

四、它迟迟不发放赈济，并忘记了实行改革。

对此，胡佛也展开了有力的反击。他连续发表了9次重要演说，认为促成大萧条的原因是一些他不能控制的情况和事物，如世界大战后遗症、经济的过度膨胀、投机行为、1931年欧洲经济崩溃，以及由此产生的金融影响和消费下降等。

9月23日，罗斯福在旧金山的联邦俱乐部发表了此次竞选活动中最伟大的一次演讲。从一定意义上来说，此次演讲是罗斯福政治哲学和意图的全面阐述。

在演讲中，罗斯福明白无误地指出，美国资本主义已经发展到了垄断阶段，自由放任主义和到处是扩张机会的"伟大时代"已经过去，"自然扩张力"的枯竭要求政府介入并指导创建新的经济秩序，因此政府必须加强干预和调节经济的职能。从这些演说当中，可以看出罗斯福新政的计划与指导思想，因此，该演说也成为新政的经典性宪章。

尽管胡佛也在有力地还击，但在投票选举前，罗斯福在民意测试中已经遥遥领先了，胜利已经成为定局。胡佛所到之处，甚至遭到选民的攻击，用鸡蛋和西红柿投掷胡佛的竞选专车。一个在任内使全国七分之一的人不得不靠施舍度日的总统，想再当选已经是不可能的了。

11月8日一早，罗斯福在海德公园村投票后，便回到纽约，与家人、朋友在民主党总部听取选举结果。他高兴地亲自接听现场指挥人员打来的电话：罗斯福节节胜利。当得知宾夕法尼亚州这个"基石州"60年来第一次投票给民主党时，罗斯福哈哈大笑起来。

11月9日凌晨0点17分，大局已定，罗斯福以2282万张选票对胡佛的1576万张选票而大获全胜，赢得了全美48个州中42个州的支持，共获得472张选举人票；而胡佛只得到6个州的59张选举人票。在国会中，民主党以59票对37票占多数，在众议院则以312票对123票占绝大多数。在州长竞选中，共和党也仅有8人当选。

自从72年前林肯总统以212票对21票的绝对优势击败麦克莱伦以来，这是美国两党竞选史上第二次悬殊如此巨大的竞选。自从1933年3月4日起，富兰克林·罗斯福成为美国第三十二任总统。

罗斯福在患上脊髓灰质炎后，开始时每天只能坐在轮椅上，不能行动。但他讨厌整天依赖别人把他从楼梯上抬上抬下。一天，他告诉家人，他发明了一种上楼梯的方法，并表演给大家看：他用手的力量先将身体支撑起来，挪到台阶上，然后再将腿拖上去，一级一级地爬上楼梯。他的母亲见状急忙说："你怎么能这样在地上拖来拖去呢？被人看到了多丢人啊！"罗斯福果断地说："我必须面对自己的耻辱。"

第十章　登上总统宝座

谁都不应凌驾于法律之上，谁也不应该受法律的欺凌，当我们要求人们遵守法律时，无需征得他们的同意。

——罗斯福

（一）

罗斯福在总统竞选中获胜之后，共和党内一片沮丧的气氛。前任总统柯立芝在临去世前沮丧地说：

"在其他萧条的时期，总还能够看到一些可靠的东西，你可以寄希望于它们。而现在，当我环视四周，我看不到任何可以给人希望的东西，也看不到任何有希望的人。"

这很能代表处于严重经济危机下的美国当权者的心态，也真切地说明新任总统罗斯福肩上的担子并不轻松。

从大选揭晓到就职典礼还有4个月的时间，在这段时间里，罗斯福四处露面，先去了奥尔巴尼处理州长任职的收尾工作，然后又到温泉度假，还巡视了田纳西河流域。他始终都面带微笑，轻松自如。在这期间，他拒绝了胡佛要求他就欧洲债务、对外贸易和国家预算等问题进行磋商合作的请求，因为他无意上胡佛政府这条"快要没顶的破船"，他小心翼翼地极力躲闪，以免与胡佛的烂摊子发生任何牵连。

其实，貌似轻松的罗斯福在这个漫长的冬季为次年的走马上任进行着大量的棘手而繁复的准备工作。首先，罗斯福要精心挑选内阁人员。在组阁时，他的指导思想有4点：

一、他虽然以绝对的优势击溃胡佛，但民主党还是一个少数党，因此必须尽量吸引共和党的加入，为1936年再次当选做准备；

二、委派保守的南方人领导国会中审核立法计划的几个要害委员会；

三、在内阁中任命一位妇女；

四、不准备优待反对他竞选的那些民主党领袖，如艾尔·史密斯和牛顿·贝克等人。

罗斯福还确定了由吉姆·法利担任邮政部长，由犹他州州长乔治·德恩担任内政部长，由科德尔·赫尔担任国务卿，由卡特·格拉斯参议员担任财政部长。

其次，罗斯福还与自己的顾问们致力于拟定一项包括新政基本要点的立法计划，其中包括联邦政府的救济、对商业的津贴、各种经济复杂计划、新贸易条例、备忘录、报告和建议书草稿等。他抓住争论要点和记住经济资料细枝末节的能力令所有对他表示怀疑的人都为之折服，此时再也没人怀疑罗斯福的能力了。

就在罗斯福为迎战经济危机，精心组织内阁并制定宏伟的施政纲领期间，一场刺杀差点让他的希望落空。

1933年2月15日，罗斯福正在迈阿密访问。晚上9时，他乘坐汽车在公园中发表演说，忽然人群中冲出一个个子不高、留着卷发的男人，站在距离罗斯福6米左右远的凳子上向他开了枪。

所幸的是，惊骇的旁观者莉莲·克罗斯夫人一把抓住了刺杀者的手臂，导致他连发4枚子弹都没有命中目标，但却击中了罗斯福身边的芝加哥市市长赛尔·麦克。

紧接着，喊声、尖叫声响成一片，现场十分混乱。这时，罗斯福的司机把汽车向前开过去，但罗斯福却命令他停车，因为他看了胸部负伤、正在摇摇欲坠的赛尔·麦克市长。特工人员拼命向司机吼叫，要他赶快开车，但罗斯福还是下了相反的命令，让司机开车过去救麦克市长。

当汽车开到杰克逊纪念医院急救室门口时，躺在罗斯福怀里的赛尔·麦克神志还很清醒。然而3月6日，他还是死去了。

经过调查，刺杀者是一位意大利移民，名叫吉塞普·赞加拉，是个失业者，生活穷困潦倒，没什么政治信仰和组织背景，只是宣泄对富人和当局的不满而已。他起初准备去刺杀胡佛，但因天气寒冷，他又患上了胃病，未能成行。恰在此时，罗斯福来这里进行演讲，便差点成为替代的牺牲品。

35天后，凶手被判处死刑。他的刺杀行为差一点改变了美国的历史。

（二）

混乱和失望笼罩着1933年这个阴冷而灰暗的春天。艾奥瓦州三分之一以上作为抵押的农田都被取消了赎回权。为了保护自己的房屋不致被抵税拍卖掉，农民们都纷纷联合起来，紧握手中的枪支，随时准备投入战斗。

人们都在忍饥挨饿。为了节省几个钱，家庭主妇们不得不重操腌水果和制肥皂的旧业。多数存户对未来都不放心，纷纷从银行里把存款提出来。银行的储备减少了，金融危机已在酝酿之中。

2月14日这天，密歇根州宣布银行放假8天，因为全州的银行实际已经没有支付能力了。在此之后，美国的整个银行系统终于陷入大崩溃，各州的信托公司均到了山穷水尽的地步。

到3月1日，已经有17个州的州长宣布全州银行休假，只剩下纽约和芝加哥两个大金融堡垒还在摇摇晃晃地支撑着门面。

3月4日凌晨，伊利诺伊州州长宣布全州银行停止付款。随后，纽约州州长也作出了同样的决定。这个拥有1.3亿人口的大国，金融活动骤然中止。

3月4日早晨，罗斯福一家在圣约翰圣公会教堂参加了一次特殊的礼拜，罗斯福的内阁成员应邀参加了礼拜。

礼拜仪式由从格罗顿公学专程赶来的皮博迪博士主持。凝望着两鬓斑白的老校长，听着他祈求上帝保佑"你的奴仆，即将就任美国总统的富兰克林"的祷文，罗斯福的耳际蓦然想起格罗顿公学的校训——"为彻底的自由服务"。

这天是星期六，华盛顿天气阴冷、乌云低垂，罗斯福与胡佛总统一同驱车前往国会大厦。中午，新总统的就职典礼开始。国会大厦东门外广场上聚集着黑压压的人群，约有10万人静静地伫立在阴寒灰暗的天空下，等待着新总统的上任。

当国会山上的大钟敲响了正午12点的钟声后，富兰克林·罗斯福正式成为美国第三十二任总统。

罗斯福倚着吉米的肩膀，步履坚定而缓慢地出现在国会大厦的东门廊，从铺着红地毯的斜坡走向高高的白色讲坛。他没戴帽子，也没穿大衣，黑色的礼服衬着脸色有些苍白。

随后，黑袍白须的最高法院首席大法官休斯主持了庄严的宣誓仪式，罗斯福微仰下巴，神情肃穆，将手放在家传300多年的荷兰版《圣经》上，翻开《哥林多前书》的第十三章，然后用洪亮的音调一字一句地跟随休斯大法官宣读誓词：

> 我若能说万人的方言，并天使的话语，却没有爱，我就成了鸣的锣、响的钹一般，徒有其声。
>
> 我若有先知讲道之能，深通万物奥秘，且有全备的信念，力能移山，却没有爱，那我就算不得什么。
>
> 我若能将所有的周济穷人，并舍己焚身，却没有爱，仍然与我无益。

宣誓完毕，罗斯福转身走向空旷的讲台，冷风掀动着他那手抄的就职演说稿。瞬时，平静而坚定的声音通过扩音器清晰地传遍整个广场，也通过无线电传播到聚集在收音机旁的每一个美国人耳中：

> 这是一个民族献身的日子。值此我就职之际，我确信同胞们期待着我能够以我国当前情势所迫切需求的坦率和果决来发表演说。现在，也的确有必要坦白而果断地谈一谈我们面对的真实情况，全部的真实情况。我们不必畏缩，不必躲闪，不必不敢正视今天的现实。我们的国家过去经得起考验，今后还会经得起考验，它将要复兴起来，繁荣下去。
>
> 因此，首先让我表明我坚定的信念：我们唯一害怕的东西，就是害怕本身，那种会使我们向后退转而前进所需的努力却陷于瘫痪的无可名状的、没有道理的、毫无根据的恐惧。

紧接着，罗斯福又以简洁、缜密的语言向人民剖析了经济大萧条中的一切苦难的根源：

> 我们的困难都只是物质方面的，价值萎缩到难以想象的程度。赋税增加了，我们的纳税能力已降低，各级政府的财政收入锐减；交换手段难以逃出贸易长河的冰封，工业企业也尽成枯枝败叶，农产品找不到市场；千万个家庭的多年积蓄毁于一旦。
>
> 更重要的是，大批的失业公民面临严峻的生存问题……而我们并没有遭到什么蝗虫之灾，大自然的恩惠依然未见，人的努力更会令其倍增。我们的手头并不匮乏，但丰足却激发不起慷慨的用度。这首先是因为掌握了人类物品交换统治者们的顽固与无能，他们被迫承认失败而溜之大吉，贪得无厌的钱商在舆论的法庭上被宣告有罪。

81

随后，罗斯福又进一步指出：

> 他们也的确做过努力，但是，他们的努力脱不开过时的传统的窠臼。面对信誉的失败，他们的建议却只是借贷更多的钱。他们失去了利润的吸引力，无法在令人民遵从他们的虚伪领导，于是他们不惜进行敲诈，痛哭流涕地要求人民对他们恢复信任。他们没有预见，而缺乏预见性就会令人民跟着遭殃。
>
> 钱商们从我们文化庙堂的高处逃走了。现在，我们可以让庙堂仍然回归古老的真理……必须中止金融业和商业中的那种使神圣的委托浑似无情和自私的罪行。然而，复兴并不仅仅要求改变道德观念。这个国家要求的是行动，而且是马上的行动！

（三）

罗斯福在演讲期间，广场上黑压压的人群一片寂静，人们都在认真地倾听着这位新上任的总统的就职演说。

接下来，罗斯福承诺了自己即将任职期间的行动纲领：首要任务是给人民创造就业机会；其次是提高农产品的价格和购买力；坚持由联邦和各级地方政府采取行动，统一管理救济工作，尽力避免目前的分散、浪费和不均现象。

此外，国家还要将一切形式的交通运输和其他属于公共事业的设施置于计划和监督之下；同时，还要严格监督一切银行储蓄、投资和信贷等行为，严格制止利用他人存款进行投机的行为，必须提供充足而具有偿付能力的健全货币。

在外交方面，罗斯福要求美国奉行睦邻友好政策，但政府要根据实际情况，有重点、有秩序地处理对外事务。他希望正常的行政和立法分权制衡体制足以应付当前所面临的重任，然而，史无前例的要求和迅速行动的需要也或许会令国家有必要暂时背离正常的行进轨道。对此，罗斯福将"提出一些措施，这些措施对于一个遭受经济打击的大国来说，可能是需要的"。他将设法快速推行自己的措施，或者采纳由国会提出的类似的明智举措。

> ……然而，一旦国会不能在这两者之间任选其一，一旦国家危机仍然紧迫，我也将决不推卸责任。我将要求国会赋予我使用应付危机的唯一手段——向非常状态开战的广泛行政权力，就像在真正遭受外敌入侵时所应授予我的权力一样。……对此，我也绝对不会有负众望。

新总统罗斯福的就职仪式简单，甚至有些草率，但就职演说却获得了巨大的成功，受到了绝大多数人的欢迎和支持。他们从新总统的演说中获得了勇气和力量，受到了极大的鼓舞。同时，他们也以自己的方式来鼓励总统，表示对总统的支持——仅仅一个周末，罗斯福就收到了50多万封祝贺信。

宣誓就职后，罗斯福便开始大刀阔斧地进行他的"旋风式新政"运动了。为了让他的政府快速行动起来，罗斯福要求参议院立即批准他的内阁。随后，罗斯福的内阁未经举行听证会的程序便被匆匆批准了。

晚上，内阁成员都集中在白宫楼上的椭圆形大厅中，在罗斯福的带领下，由最高法院大法官本杰明·卡多主持宣誓就职。这是内阁首次作为一个整体而宣誓就职，也是首次在美国白宫举行这样的仪式。从此，一场震撼美国的改革就在罗斯福的内阁和他的智囊团参与下开始了。

罗斯福内阁中的人物构成十分复杂。美国史学家拉尔夫·德·贝茨说，罗斯福的内阁人选就是一个"大杂烩"。这些人有通过正统规则遴选出来的，也有按照试验原则遴选出来的；有进步的新政人士，也有因照顾其对党的贡献而给予官职的人。

国务卿一职由田纳西州的柯德尔·赫尔担任。这个人虽然是个南方国际派，以税务专家和坚决主张低关税政策而闻名，但在参议院中颇具影响力。当时赫尔已经61岁，性格倔强，有时罗斯福也会让他坐冷板凳，但他很快就适应了新政中的很多主张，因此供职国务卿的年限是美国历史上最长的。

财政部长威廉·伍丁名义上是个共和党人，但他实际上长期支持罗斯福，与罗斯福交往密切。伍丁在解决银行危机上很有一套切实可行的方法，因此深得罗斯福器重。

最引人注目的是劳工部长弗朗西斯·珀金斯女士、内政部长哈罗德·伊克斯和农业部长亨利·华莱士。这三位因贯彻无数突出的新政计划，以及经常为新政出谋划策，故而在理论上和政策上被认为是罗斯福新政的化身。

弗朗西斯·珀金斯女士是美国联邦政府历史上的第一位女部长。她的入阁当时曾在社会上引起不小的轰动。有一位记者问她，身为女性担任部长是否感到有些不便时，她冷冰冰地回答说：

"除非是爬树。"

第十一章　推行新政

实现明天理想的唯一障碍是今天的疑虑。

——罗斯福

（一）

新总统强大的政府班子组建后，新政陆续开始了。罗斯福的新政带有浓厚的实用主义观点，大部分都来自他那乐于兼收三教九流人才的胸怀。这些人才有不少出身于学术界，他们可以在一般的事务当中发挥他们的合理思维和分析才华，并在特定的领域中运用他们的专业知识。

作为新政派的学者，他们通常都是倾向于改革的。他们相信，借助于计划，运用先进的科学知识，是可以将美国营造成一个"良好的社会"的。为此，他们也带来了许多不同的思想观点，诸如第一次世界大战期间的国家计划经验、20世纪初期的都市改革目标、19世纪平民党的农业和财政改革主张等。这些观点对罗斯福实施新政起到了重要的推动和促进作用。

由于美国的经济大危机是由疯狂的投机活动引起金融危机而触发，因此，罗斯福的新政处方也先从整顿金融入手。

在被称为"百日新政"（1933年3月9日到6月16日）期间制定的15项重要立法中，有关金融的法律就占了三分之一。罗斯福就职时，全国几乎所有的银行都停业了。3月4日，支票在华盛顿已经无法兑现。在就职的第三天，即3月6日，罗斯福发布全国银行"休假"的命令，这是他采取重建金融和经济结构的第一步。

接下来的第二步行动，就是召开国会紧急会议，要求国会马上采取立法措施，认同总统采取行动，扩大总统的权力，授权总统采取他认为必要的新政措施。

在罗斯福的要求下，3月9日，国会通过了《紧急银行法》，决定对银行采取个别审查颁发许可证制度，一是为淘汰一部分基础薄弱和经营不善的银行，二是为政府赢得时间，筹集应付储户提存所必需的货币。

银行整顿在接下来的几天内全力进行。从3月13日到15日，全国就有1.4万余家银行领到执照重新开业，与1919年的危机爆发时的2.5万家银行相比，淘汰了1万多家。

罗斯福所采取的这一整顿金融的措施，对稳定局面、激励人心大有作用。有一位朋友曾对罗斯福说，如果他能圆满地完成自己所确定的这项任务，他将会被作为美国最伟大的总统而载入史册；但如果他失败了，他就会被作为最糟糕的总统而被人民谴责。

罗斯福听后，平静地回答说：

"如果我失败了，我将是美国的最后一位总统。"

在银行重新开业的前一天，即1933年3月12日，罗斯福发表了就职后的第一次"炉边谈话"。全国大约有6000万人坐在收音机旁听他的报告。罗斯福说：

"我想花几分钟的时间向全国人民谈一谈银行的问题。"

随后，他用普通公民很容易听懂的话语，就银行危机谈了20分钟。他敦促听众将他们的余钱存入银行，他说：

"把钱存入重新开业的银行，比放在你们的床垫子下面更保险。"

最后，他又回到演说主题：

"让我们团结在一起，消除恐惧。我们已经成立了恢复我们金融体制的新机构，接下来就要由你们支持这个机构，使其发挥作用了。这个问题既是我的，也是你们的。我们只要团结起来，就不会失败。"

罗斯福的语调热情而令人安心。在寂静的寒夜里，总统那平易近人的贴切话传遍了千家万户，顿时冰释了长期以来郁结在人们心中的疑团，消除了对现存体制的不信任甚至敌视。

次日，在12个设有联邦储蓄银行的城市里，各大银行的存款数都超过了取款数。几天之内，各州的联邦储蓄银行便回笼了3亿美元的黄金和黄金兑换券。以此为储备，银行又开始印制发行7.5亿美元的新钞票。财政部长伍丁批准某些银行可以让确需现款的存户们每户提取10美元的现钞，商业市场从此逐渐活跃起来了。

不到一周，交易所里也重新响起了电锣声，纽约股票价格上扬15%，道·琼斯股票行情分析所对经济走势作出了乐观的预测，金融恐慌终于过去了。

在仅仅两周的时间里，罗斯福就令全国的经济形势发生了转变，人们开始重新开始乐观起来，精神面貌和对政府的信心都发生了根本性的变化。在纽约市小学生中进行的一项测验表明，罗斯福总统最受欢迎，其次才是得票远远低于他的上帝。

对此，《纽约时报》也宣称：

"从来没有哪个总统能在如此短暂的时间内让人觉得这样满怀希望。"

（二）

虽然新政已经初见成效，但冷静而深谋远虑的罗斯福总统并没有陶醉在人民的欢呼声中。他很清楚，眼前的效果仅仅是防御性的临时应对措施的奏效使然。要想真正改变形势，还需要付出很多努力。

在整顿银行的同时，罗斯福还探索了一条不全靠增加政府债务而以能有效控制的通货膨胀来刺激经济复兴的途径，以加强美国对外经济的独立。因此从1933年3月10日宣布停止黄金出口开始，政府便采取一个接一个的重大举措：

4月5日，宣布禁止私人储存黄金和黄金证券，美钞停止兑换黄金；

4月19日，禁止黄金出口，放弃金本位；

6月5日，公私债务废除以黄金偿付。

1934年1月10日，宣布发行以国家有价债券为担保的30亿美元纸币，并使美元贬值40.94%。通过美元贬值的方法，来加强美国商品对外的竞争能力。

在20世纪30年代，一些将金本位看做是强国象征的西方拜金主义者，将放弃金本位和美元贬值看成是一件非常了不起的大事。罗斯福的预算局长刘易斯·道格拉斯称，罗斯福的做法是"西方文明的终结"。但大资本家们却从切身利益关系中体会到了罗斯福这一招的确厉害，美国在世界市场上又有了强大的竞争力。金融巨头老摩根公开发表声明，赞成放弃金本位和美元贬值。

除了解决首要的金融问题外，其次就是实施针对农业危机的农业调整法案。刚一上任，罗斯福就授意农业部长华莱士着手拟定《农业救济和通货膨胀法令》。

3月16日，该法令被提交国会，3月22日由众议院通过。随后，众议院在对其进行了长达几周的激烈辩论后也通过，总统于5月12日签署，俗称第一农业调整法。

这项法令旨在恢复农业购买力，减少农产品过剩，恢复农民在一战前黄金时代所享有的经济地位以及将农业生产纳入某种计划轨道。为此，它授权设立一个隶属于农业部的农业调整署，全权负责农业生产的调整和农产品的加工销售等。

根据该计划，农场主限制耕种面积可获津贴，以对加工厂厂主征税的办法来筹集支付津贴的资金，而这种税收最终会转嫁到消费者身上。罗斯福承认，这是"一条没有走过的新路"，但同时还强调说，要想恢复农业，就必须采取一些必要的措施。

第三就是针对工业进行的工业复兴计划。新政的工业复兴计划具有多方面的起因和广泛的背景，罗斯福在开始时并没有考虑这一项广泛的计划。但由于种种压力集团对改革提出了不同的建议，因此在5月17日提交国会的法案是一个对各方利益都有所满足的综合性方案。

罗斯福总统在6月16日签署这项《全国工业复兴法》法令时说，该法令的目的是保证工业的合理利润和工人维持生活的工资，以消灭那些既妨碍正当工商业，又伤害劳工利益的海盗式的方法和措施。所以，该法令其实是对大萧条中美国商业中已明显不适应生产力发展的生产关系进行的局部调整，是对处于自我毁灭性的盲目竞争现状的企业家、极度贫困的劳工以及矛盾尖锐的劳资关系进行的一定程度上的国家干预。

《全国工业复兴法》分为两部分。首先它宣布国家处于紧急状态，暂停部分反托拉斯条款的实施；成立国家复兴管理局，并在其认可和监督下，由资方、劳方和公众代表组成的委员会制定分别适用于各个行业的法规，同时还给予工人在"公平竞争法规"所包含的所有工业部门中，组织工会的权力和全体谈判的权力。

其次，该法授权总统建立公共工程管理局，拨款33亿美元，投建公共工程，以实现大规模的直接就业计划。

但由于种种原因，《全国工业复兴法》并没有达到罗斯福所期望的复兴工商业的目标，只是在一定方面上取得了成就，比如：令200万工人有了工作；制止了通货膨胀的重新加剧；有助于促进企业道德和提倡文明竞争；建立了最高工时和最低工资的全国性样板；部分地肯定了工人运动斗争的成果；很大程度上取消了童工和血汗工厂等等。

所以，虽然该项法令没有发挥出开始时所期望的效用，但也不算失败。毕竟就职几个月来，罗斯福总统已经使美国社会的整个局势都扭转过来了。

（三）

在新政期间，罗斯福政府的一个鲜明有力的重大举措，就是通过多种方式实施的联邦救济工作。在竞选时，罗斯福曾承诺决不让任何人挨饿，而此时各州和地方政府及私人慈善团体的财源几乎都已耗尽，情况十分紧急，急需联邦政府大力干预。

1933年3月21日，联邦紧急救济法案被提交国会，众议院在10天后予以通过。随即，联邦政府直接负责帮助经济上的受害者。

5月21日，罗斯福签署了国会通过的《联邦紧急救济法》，依照该法成立联邦紧急救济署，也就是后来根据新政为失业者提供救济和就业机会而成立的许多机构的前驱。同时指定"复兴金融公司"拨款5亿美元作为各个州的紧急救济金。

5月22日，罗斯福任命哈里·霍普金斯出任紧急救济署署长。办事兢兢业业、讲求时效的霍普金斯甚至等不及办公室布置完毕，就开始签发电报。他还自愿将薪金从每年的15000美元降低到8000美元，积极负责管理联邦紧急救济署。刚刚上任2个小时，霍普金斯就发放了500多万元赈济受害者。

霍普金斯与罗斯福一样，讨厌施舍的主张，认为这样会摧毁人的灵魂。因此，他们主张以工代赈，让接受救济的人们通过劳动来获得救济，以保持他们的自尊心。

在这种认识的指导下，当各州单纯以食品、住房、衣服、燃料等方式进行直接救济已经明显不足以缓解危局，而1933年冬季的到来又将加重失业问题时，霍普金斯相信，只有庞大的工程计划才能解决这些问题。因此在11月初，他就敦促罗斯福总统制定一项提供救济的大规模紧急救援计划，以救济广大的失业者和失业的家庭。

11月8日，作为临时机构的民政工程管理局成立了，并从公共工程管理局中拨款4亿美元，由霍普金斯任局长。

足智多谋的霍普金斯很快就让400万失业者投入到联邦的各项工程计划中，进行民政工程建设。民政工程的特点是简单易行、完工快，适于大量不熟练或半熟练的失业工人，如修筑铁路、沟渠、园林、运动场等，以及改建、安装煤气和自来水设施等，让许多失业者为此走出了失业的阴霾，同时也营建了许多民政工程，如兴建和扩建学校4万所，建设机场469个，修理和建造公路25.5万千米，兴建和修建操场、运动场3700个，等等，让400多万失业者从中受惠，其中甚至包括3000多名作家和艺术家。

在罗斯福的第一个百日的所有立法中，最符合他心愿的一个立法机构就是在1933年3月21日成立的民间自然资源保护队。这个机构表明他一生对森林和保护自然资源的浓厚兴趣，同时也逐步解决了全国性的失业问题。

3月31日，国会以呼声表决通过了这项法案。一个星期后，第一个民间自然资源保护队营地在弗吉尼亚州卢雷附近建立起来。它吸收18岁至25岁的青年，主要从事造林、森林防火、防治水患、水土保持、道路建筑等方面的劳动。第一批招募了25万人，由2.5万名退伍军人和2.5万名有经验的林业工人管理和指导，管区达1400多个，遍及全州。

这是"美国和平时期规模最大和最为迅速的动员"，这个组织先后吸收了150万名青年，开辟了740多万英亩国有林区和近20万英亩的国有公园，兴建了大量的旅游设施。

对此，罗斯福曾洋洋得意地宣称：

"对我执政时期的成就，没有比这件事更让我感到自豪的了。"

（四）

在新政期间，罗斯福还向国会提交了有关社会保障方面的重要法案。1933年4月13日，罗斯福向国会提出房主贷款法案，以使小住宅的抵押不会因抵押品赎回被取消而遭受损失。

之所以提出这一法案，是因为在1932年就有25万个家庭失去住宅。1933年的前几个月，每天都有1000多所住宅被取消赎回权，大批失去房产的人流落街头。

6月13日，国会通过了这项法案。它对城市房主所起的作用同农场押款法对农场主所起的作用一样重要。房主贷款公司凭借出售债券筹集了20亿美元的周转性借贷基金，向房主发放低息贷款，使他们能够按期支付押金，从而使得上万所住宅避免押金赎回权被取消的事情发生。多达五分之一的押金住宅最终由房主贷款公司重新提供了资金。

5月4日，罗斯福又提请国会通过《紧急铁路法》。此时在美国的工业系统中，处境最糟糕的也许就是铁路了，绝大部分铁路完全是靠复兴金融公司的贷款维持运行的。

6月16日，国会通过该项法案，其目的在于借助节约、加固线路和改革规章制度来建立一个协调一致的铁路运输系统。

5月17日，国会又制订了格拉斯—斯蒂高尔法，参议员卡特·格拉斯提出了该项法案。虽然它不属于罗斯福新政的产物，但华盛顿盛行的新政气氛给予它以巨大的推动力。在经济繁荣时期，商业银行成立了投资公司，靠出售证券发财，而这项法律不允许它们继续经营这种行业，使它们无法再利用储户的存款进行冒险。

依照这一法案还成立了联邦存款保险公司，以防止储蓄存款因银行倒闭而遭受损失。虽然罗斯福当时只是勉强地改变了自己的看法，同意成立联邦存款保险公司，但人们却认为，实行储蓄保险制是罗斯福新政中极为重要的功绩之一。

第一个百日很快就过去了。15篇咨文已呈交国会，要求对全国性问题采取行动；15项重要法案已获得通过；罗斯福发表了10次重要讲话。

虽然实施的法律大多数都存在争议，一些法律是否符合宪法还很可疑，但毋庸置疑的是，罗斯福为美国创建了一种新的体制结构。而且，他是在设法医治一种资本主义社会的通病，想通过护理使它恢复健康。只是因为常规疗法再也不能奏效，他才采用了一些试验性的疗法。

在总统竞选时，罗斯福曾指责胡佛未能使美国经济复兴是因为他在使用现有疗法方面过分胆怯。他在演讲时曾向全国人民许下诺言——"要进行大胆、持久的试验"。目前，他也正在努力地履行着这一诺言。

不过，还是有一些批评者根据事后的认识对罗斯福处理经济的做法加以挑剔。他们认为，由于通过通货膨胀提高国内价格的前景冲昏了他的头脑，他在无形中加速了走向引起第二次世界大战经济民族主义的趋势。但约翰·梅纳德·凯恩斯认为，罗斯福总统在新政期间将价格稳定在人为的低水平是"极为正确的"，而罗斯福也不怀疑自己在"新政"实施中所发挥的作用。他声称：

"这是我一生中引以为豪的一件事。"

不论如何，罗斯福总统的果断措施赢得了人民的信任。绝大多数美国人都发现，跟随这位罗斯福总统前进就像当年跟随西奥多·罗斯福冲上圣胡安山一样令人振奋。为此，美国人民与罗斯福总统也建立起了密切的关系，这种关系一直保持到他辞世。

第十二章　第二次新政及成就

要成大事，就得既有理想，又讲实际，不能走极端。

——罗斯福

（一）

为了改变美国在世界人民眼中的印象，也为了能给国内经济改革创造出一种和谐的气氛，罗斯福在上台伊始就积极谋求同苏联和拉丁美洲改善关系，这也是他承担世界领导作用的计划的一部分。

在新政之前，美国从未承认过在1917年夺取政权的苏联布尔什维克。但由于经济大萧条，保守分子逐渐改变了原来的观点，希望能与苏联做生意。企业家深信，苏联是美国出口商品的一个庞大市场，罗斯福也意识到苏联的军事实力是对侵略者及其盟国进行道义谴责的坚强后盾。因此在上台后，他也开始小心翼翼地与苏联人谈判，并于1933年11月16日正式承认苏联，两国恢复了长期中断的外交关系。这也是罗斯福在美苏外交关系上迈出的重要一步。

虽然忙于国内事务，但罗斯福在上任后还是接待了络绎不绝前来访问的外国客人。他们都是为了寻求新任总统的帮助和保证的。前来访问的包括英国正在为不列颠帝国复杂的经济问题犯难的拉姆齐·麦克唐纳首相、法国前总理爱德华·赫里欧，以及加拿大的贝内托·墨索里尼等人。总之，一共有48个国家前来美国拜访，请求罗斯福总统帮助医治他们国家的"经济病症"。

长期以来，罗斯福相信，美国经济的繁荣最终还是要依靠国外正常经济的恢复——通过包括美国在内的所有主要贸易国的共同合作，才能实现恢复。但国内的孤立主义情绪严重，甚至可以说，孤立主义情绪是美国最古老的传统之一。所以，美国国会、内阁甚至罗斯福身边顾问中的孤立派，一直都反对美国卷入国际纠纷，阻碍罗斯福的各种外交政策。

在这种强烈的掣肘下，更由于国内大萧条的深重局面亟待收拾、整顿，罗斯福在第一个任期内的外交政策上基本没有多大的自主性或可供发挥的余地，在处理国际事务上也一直采取极其谨慎的态度，甚至在技术性的合作方面上也是小心翼翼的。

在罗斯福的新政实施后，1933年至1935年间，国民生产总值从396亿美元上升到568亿美元，国民收入也迅速上升，失业人数已经减少，农产品价格已经上涨，工业生产日益上升，银行的储户也已不再担心存款的安全了……

这些伟大的成果足以表明，罗斯福总统以其卓越的才能将全国人民团结在一起，赢得了人民对他的忠诚和爱戴。美国工人、农民和知识分子们都正朝着"新政"指引的方向奋勇前进。

然而，大萧条具有全面而深刻的历史背景，第一次新政不可能在经济复兴方面起到立竿见影的效果。1933年秋，国内的农产品价格和工业生产再次出现回落现象，这种势头直到1934年春才克服。

而且，第一次新政也不可能给全体的美国人都带来好处，还有许多人甚至没有受到罗斯福的关注。他们也急切地盼望美国能够出现一个能够引导他们脱离苦海的救世主。而那些在第一次新政中受惠的不同阶层的人们，其一度绝望的恐惧业已随着境遇的初步好转而消退，生活质量的改善和提高激活了他们那已被冻结或麻痹的神经，他们不再祈求起码的温饱，期望值开始升高，并开始反过来对复兴的不稳定状态感到不满。

尽管罗斯福的新政政府还依然面临着大量的压力和来自各方面的挑战，但1934年11月中旬的选举结果表明，罗斯福的声望及第一次新政的措施仍然获得了绝大多数的人心，这让罗斯福对自己的作为更加自信。

（二）

1935年，罗斯福的第二个"百日新政"又开始了。如果说1933年时的罗斯福是一个倡导者和建筑设计师的话，那么到了1935年，他已经是一名建筑师了，而且业已有了一定的物质基础。

在阐述即将取代旧的救济制度的新计划时，罗斯福总统宣布：

"联邦政府必须而且应该停止再搞这种救济活动。"

罗斯福认为，救济是一种麻醉剂，会给人的精神造成一种不可名状的破坏。因此，他主张制定一项政府创造就业机会的措施，认为这不仅能够令失业者脱离贫困，还能让他们不至于丧失"自尊心以及自力更生的精神、勇气和决心"。

按照这一计划，国会将拨款48亿美元用于长期的工程计划，以取代现有的经济救助。联邦政府将为350万有工作能力的人提供就业机会，其余200万不能被雇用的人将继续由各州直接救济。

经过两个多月的激烈辩论，国会最终于4月8日通过了这项紧急救济拨款法令。这项允许罗斯福按照他认为适宜的途径开支巨额拨款的法令，也标志着重大权力由国会向总统的转移。

在第一次新政期间，罗斯福为挽救经济危机采取了一系列的调节经济的政策，将抚慰企业界的工业复兴法搞成了当时的关键措施。然而到了1935年5月，美国商会召开全国大会，发言者却大力抨击罗斯福。他们没有意识到这位总统的目标是拯救他们赖以生存的、且已弊端丛生的资本主义制度，而是一味盲目地攻击罗斯福中间偏左的言论，似乎不关注他的实际行动。

企业界的表现让罗斯福对赢得他们的支持丧失了信心，他只好改弦更张，对它发起进攻。施行了一些旨在惩罚企业界和帮助劳动人民的法案，例如社会保险法案、全国劳工关心法案和公用事业法案等，就是他第二个新政期间立法方面的标志。正像有人所评价的那样：

"在第一个新政期间，罗斯福是告诉企业界必须做什么；而到了第二个新政期间，罗斯福要告诉企业界的是决不能做什么。"

在第二个新政中，除了进行以工代赈外，另一个具有重要意义的项目就是关于社会保险的立法工作——以法律的形式确认对失业者、老年人、患病者和孤苦无依者提供社会保障形式的救助。罗斯福认为，一个政府"如果对老者和病人不能给予照顾，不能为壮者提供就业机会，不能将年轻人注入工业体系之中，听任无保障的阴影笼罩在每个家庭，那就不是一个能够生存下去、或是应该生存下去的政府"，社会保险应该负责一个人"从摇篮到坟墓"的整个一生。

1935年"新政"中的社会保险法分为三大部分，分别为养老金制度、失业保险制度和对无依靠者提供救济的制度。

根据法律的规定，凡是年满65岁退休的工资劳动者，根据不同的工资水平，每个月可得10—85美元的养老金。对此，罗斯福解释说：

"建立养老金制度是为了促使已到退休年龄的人放弃自己的工作，从而给年轻一代更多的工作机会，同时也使大家在展望老年的前景时都能有一种安全感。"

而关于失业保险，罗斯福的解释是：

"它不仅有助于个人避免在今后被解雇时去依靠救济，而且通过维持购买力还将缓解一下经济困难的冲击。"

保险金的来源，一部分由在职工人和雇主各自交付相当工人工资1%的保险费，另一部分则由联邦政府支付。

这个社会保险法反映了广大劳动人民的强烈愿望，因此也受到了美国绝大多数人的欢迎和赞许。

但是，该法案却遭到了保守派的强烈反对。他们指责社会保险违反了美国一向珍视的"节俭精神、首创精神和自助精神"，称所有的美国人从此都不得不忍辱在自己的脖子上挂上一个印着社会保险号码的铜牌，就像挂块狗牌一样。他们还指责说，推行社会保险法案就等于将节衣缩食的彼得的钱抢过来，送给不懂积蓄的保罗。新泽西州参议员哈里·穆尔甚至刻薄地指责：

"我们也可以从育婴堂抱来一个孩子，然后给他雇一个保姆，让他不必尝受生活的艰辛。"

在国会期间，关于这一社会保险法的争论也相当激烈，共和党坚决认为这是鼓励懒汉的行为，绝不能通过。但最终表决时，众议院以372对33、参议院以76对6的票数通过了该法案。

（三）

在第二次新政期间，劳工关系一直都是罗斯福特别关注的领域。他很清楚，如果得不到有组织的劳工的支持，社会动荡的局面就无法控制，更谈不上实施私人投资计划了；而且在支持他的选民当中，有组织的劳工是非常有力的集团。

在第一次新政实施期间，《全国工业复兴法》被最高法院宣布违宪，连带导致该法中有关劳工权利的规定也失去了法律效力。这对罗斯福鼓吹的"社会改革"和"劳资合作"无疑是个打击。许多大企业家度过危急时刻后，也都纷纷从支持新政变为反对新政，"右翼"报刊更是大加鼓噪。因此，在罗斯福的强烈要求下，在工会的大力支持下，国会很快也采取了行动。

在《全国工会复兴法》被取消不到40天，1935年5月，参议院批准了国会参议员罗伯特·瓦格纳于10年前提出的《全国劳工关系法》（也称《瓦格纳法》）。7月5日，该法签署生效。

该法令规定：禁止雇主干预或图谋控制劳工组织，工人有组织工会的权利，雇主不得拒绝与工人集体谈判合同，不得禁止工人罢工，不得歧视工会会员；成立全国劳工关系局，处理劳工对雇主的申诉。

《瓦格纳法》通常被认为是6年多的"新政"期间最为激进的立法革新之一。它倾向于用政府的力量支持劳工的集体谈判权和组建工会权，并放弃了从前那种让垄断资本自行其是的不限制政策，逐渐摆脱了与垄断资本的伙伴关系，限制了各个垄断集团的过分剥削和压迫行为，在一定程度上改善了劳工的经济、政治处境，这也是为了达到"磨损劳工运动的激进锋芒，并将其纳入民主党改良政策的轨道，使美国的现行社会制度得以在新的基础上继续运行"的长远目的。

6月19日，罗斯福又向国会提交了一项激进的税制咨文，目的是重新分配财富和权力。这一"直接掏富人腰包"的提案自然是遭到了企业界、保守派议员的激烈反对。费城《问询者报》甚至指责罗斯福是在"玩弄明目张胆的政治安抚"；保守派议员则指责这一提案等于在歧视有产者而实施有利于平民的阶级立法。

但在激烈的斗争中，最终参议院进步首领拉福莱特以大胆的行动表达了对总统的支持，这才扭转了局势。

8月底，税收法中又取消了遗产税，并将累进的公司所得税减少到仅有象征意义的程度。但它提高了房地产税、馈赠税和财产税，对利润超过15%的企业还要征收超额利润税，对5万元以上的个人所得税征收附加税。

该法案同样激起了企业界以及高收入阶层的强烈不满，但罗斯福认为，重新分配财富是当今世界的新思想。而要在美国同共产主义作斗争，就必须注意这个新思想。

8月23日，由罗斯福任命的联邦储备委员会主席埃克尔斯起草、经参议院保守派卡特·格拉斯修改的《银行法》获得通过。该法案虽然使"联邦存款保险公司"所保险的金额有所下降，但该公司的监督权力却大有扩展；它授权总统任命联邦系统新设的董事会7名成员对地区银行进行更为直接的管理，董事会有权对储备银行的再贴现率和必需的储备进行更大限度的管理。它将各家银行的信贷政策移交给"联邦公开市场委员会"，这样就将公开市场经营活动的管理权转移到政府手中。

从长远的利益来看，该委员会购销公债券的权利将成为控制货币的主要工具，它要求各大州的银行须在1942年7月以前加入联邦储备系统。这样一来，罗斯福就扩大了联邦政府管理货币和信贷的权力。

（四）

到1935年8月27日，罗斯福实施的第二个"百日新政"结束了，国会还通过了其他的一些立法，比如通过的格非—斯奈德煤炭保护法，其实是重申了被裁决违宪的旧烟煤法规的规定；修改了田纳西河流域管理局条例和农业调整法；制定了新的农场抵押法和铁路职工退休法；通过了黄金条款和联邦登记法；将州际公共汽车和货车置于州际商务委员会的管辖之下；削弱了银行家对铁路调整的控制法规；批准了由州际商务委员会管理运价并调节劳工关系的航空邮递阀；制定了联邦酒精饮料法和中央统计法等等。

罗斯福的两次新政几乎涉及美国政治、经济生活的方方面面。它不是那种以新政去取代原有结构的革命，而是一种旨在让这个结构免遭来自内部的耗损和毒害、适应飞速变化的时代要求，并使其长久地良性运行下去的社会改良。

罗斯福曾经声明，他正在寻求一种恢复众所周知的、早经确立的，而在某种程度上被损害和遗忘了的美国的理想和价值观念。为此，他多次向国会和人民表示，他这个"新政大夫"所实施的手术将极力避免或根本不会引起震荡、灾难和脱节，新政的培植和确立将平和地内化为这个结构的有机组成部分。"和谐的原则以及必要性本身都要求新的建筑结构必须同原有的基本线条融为一体，正是这种新旧的相互结合，才标志着国家和平的前进。"

以下所摘录的是出自罗斯福本人对于其所实施的新政的原话，对于我们深入和完整地了解新政具有一定的帮助：

"我们运用实事求是的原则，一起来渡过难关。"

"民主政府就其本质来说，能够帮助人民抵御过去被认为是不可避免的灾害，能够解决过去被认为是解决不了的问题，这是一条真理。"

"我们寻求的是经济制度中的平衡，要对过去限制和妨碍了机会均等的许多其他弊端进行建设性的改革。"

"我一直认为，我们近来所经历的大部分困难，是在政治上未能掌握这种经济上互相依赖的事实的直接结果。"

"……

以上几点都充分说明了罗斯福新政的总的指导原则。在这些大前提的指导之下，我们也能更好地理解罗斯福新政的那些具有重要意义的有效举措：社会救济与福利制度说明政府对全体公民的福利负有一种终极的责任；以工代赈和经济复兴是为了让美国人民的道德和精神气质不被懈怠的麻醉剂所损害；面对日渐复杂的社会形势，总统权力与政府职责必须要加强，因此需要赋予政府充满活力的个性；为拯救银行和保险公司、抵押公司及铁路，为照顾千万濒于饥饿边缘的人民，政府可以采取财政赤字与通货膨胀的方式来解决难题……

在罗斯福的多次演说中，他都在向广大听众反复强调，并提醒大家记取这样一个事实：1932年灾难性的经济大萧条与经过几年新政后的景观——两者之间对比之鲜明已经无法同日而语，甚至连"崩溃前的那个黄粱美梦般的繁荣的狂欢时代"也不能与1935年后的社会形势相提并论。

"从1929年到1933年，这个国家螺旋式地向下滑——不断地向下——一直滑到1933年3月3日，整个文明结构完全陷于停顿。这是美国历史上灾难深重、令人触景生情的4年……在这4年结束时，我们的国家及时采取了行动，扭过头来又开始走向上升的道路。"

1936年，罗斯福在收集政府各个机构详细列表上报的成绩中发现，结果毫无例外地表明，新政在促进经济复兴、市场繁荣、银行信用坚挺、人民生活水平和环境保护有所好转等诸多方面都发挥了重大作用。

总之，新政在摆脱经济萧条方面所取得的成绩和进步是有目共睹且显而易见的。罗斯福在芝加哥曾更加坦率地向众多选民指出，正是新政挽救了被拖到毁灭性边缘的私人利润和自由企业制度。

虽然新政不能永远地治愈经济危机这个与资本主义制度相伴而行的痼疾，但经过罗斯福的新政，"过去曾使我们的经济生活产生的一连串不正常的繁荣与灾难性的衰退相互交替的现象，现在联邦政府比以前任何时候都能够更好地加以防止"。

这就是所谓"新政的遗产"中最大的一笔遗产。

第十三章　连任总统

　　一个真正伟大、骄傲而勇敢的民族宁可面对战争的任何困难，也不愿在牺牲其民族尊严的情况下换得卑贱的繁荣。

——罗斯福

（一）

　　就在国内对新政的赞誉与批评声中，4年一度的总统大选又到了。
　　1936年1月3日，罗斯福以发表国情咨文的形式开始了竞选连任的活动。为了得到最大限度的宣传，他在国会的一次晚间联席会议上发表了国情咨文。这是自1917年4月以来的第一次——伍德罗·威尔逊当时曾在国会晚间联席会议上要求对德宣战。现在，罗斯福也宣布即将进入战斗状态，不过不是对付外敌，而是对付本国"势力雄厚的一小撮人"和"声誉扫地的特殊利益集团"。他宣布：
　　"我们已经引起了战争，我们已经招致盘根错节的贪婪势力的憎恨。"
　　不过，罗斯福在发表这番挑战性的言论时，并没有要求进一步实施改革，他极力避免引起人们的不满，强调决心削减拨款以实现预算平衡。
　　罗斯福曾对莫里说：
　　"在这场竞选中，一个重大的问题就在于如何看待我本人，美国人民要么支持我，要么反对我。"

跟往常一样，罗斯福深切地希望自己能够投身到此次总统竞选当中去，但1936年和以往不同，在四分之一世纪的政治生涯中，他将第一次失去路易斯·豪的帮助。

从进入白宫之日起，路易斯·豪的健康状况便日益恶化。到1935年年初，他基本都只能待在他那个充溢着香气和烟味的房间里。他眼窝凹陷，呼吸日渐困难。由于通宵达旦不停地咳嗽，他心力衰竭得很严重。在1936年4月18日逝世前不久的一天，路易斯·豪忧心忡忡地与给他读信读报的青年约翰·凯勒谈到了秋天的总统竞选，称自己是多么希望能够参加竞选活动。凯勒要他放心，宽慰他说：

"您一定会去参加的。没有您，他们无法开展竞选活动。"

"不，我真不会去的，"路易斯·豪回答说，"富兰克林现在已经能够自立了。"

的确，此时的罗斯福已经相当成熟老练了，他始终都保持着一种超党派的姿态，甚至当共和党的对手发起主动进攻时，他都采取一种超越这场竞选之争的策略。

同以往一样，罗斯福避免在对手安排好的战场上战斗，并以高难度的政治技巧避免了内部派系之间的争斗所可能招致的灾难。随后，他会选择一种快速而敏捷的机会，给予对手干净利落的回击。伯恩斯将罗斯福所运用的这种政治魔术称为"奇妙的罗斯福风格"。

1936年的这次总统选举，被称为是美国历史上少有的一次"关键性"选举，选举投票的格局发生了很大的变化。因为新政令"少数民族、城市居民、天主教堂、小企业主、农民、黑人都与'新政民主党'打成了一片"，"工业家体制"让位给了"新政体制"，后者以北部大城市群众为坚实的基础，还受到绝大多数进步派人士的支持。为此，民主党的竞选力量在此后的30年中都处于决定性的优势。

罗斯福此次是希望赫伯特·胡佛继续成为他的竞选对手，因为这样选民们就会有一个明确的选择对象。然而，共和党人却在6月初选出了堪萨斯州州长艾尔弗雷德·兰登为总统候选人。

兰登是中西部人，缺乏个人魅力。但共和党希望他能够对农民产生感召力，能够调动保守派日渐增长的反对罗斯福的情绪。共和党的领袖们认为，只要选民们对罗斯福始终笑容可掬的模样和明显的狡黠态度感到厌烦，兰登那显得呆板乏味、平淡无奇的竞选演说就会成为可贵之处。

两周后，在费城召开的民主党代表大会上，罗斯福和加纳被全体代表经口头表决再次提名为总统和副总统候选人。6月27日晚上，罗斯福前往富兰克林运动场发表了接受总统候选人的提名演说。

当时天正下着小雨，罗斯福由儿子詹姆斯搀扶着，拖着僵直的腿，步履蹒跚地从聚集在讲台后面的人群中挤过。他伸出手臂，想同老诗人埃德温·马卡姆握握手，可是被人群一挤，身体失去了平衡，导致右腿的支架突然松了。罗斯福一个趔趄，手中的发言稿散落在人群中。

周围的人发出了低声的惊叫，几乎引起恐慌。特工人员眼疾手快，一把扶住罗斯福，其他人则急忙把他的支架重新安装好。

罗斯福脸色苍白，浑身颤抖，急促地喊道：

"快把我的身上弄干净！快把发言稿捡起来！"

一切恢复正常后，他才继续朝着演讲台走去。这时，他看到老诗人马卡姆挂着泪珠的脸时，又止住脚步，同这位老人握了握手。

（二）

在富兰克林运动场上，罗斯福受到了10万名群众的热烈欢呼。他讲了几句客套话之后，随即便为即将到来的总统竞选定下基调，痛斥"经济守旧派"和"享有特权的亲王们"给美国的经济、民主等构成的威胁。罗斯福说：

105

经济秩序的守旧派承认政治自由是政府的事情，但他们坚决认为，经济奴役谁也干涉不了。他们承认政府能够采取一切措施保护公民的投票权，但却不承认政府能够采取一切措施保护公民工作和生活的权利……这些经济守旧派抱怨我们想推行美国的制度，他们其实抱怨的是我们想剥夺他们的不合法权利。

政府可能会犯错误，总统的确也会犯错误，但是，流芳百世的但丁告诉我们，神圣的司法会以不同的天平来衡量冷酷的人的罪孽和热心肠的人的过失。一个慈悲为怀的政府纵使偶然失误，也比一个对人民疾苦不闻不问的政府长期什么事都不做要好……人间的世事也有循环往复，对于有些时代的人，可谓得天独厚；对于另一些时代的人，则会寄予厚望。而我们这一代的美国人，最应该做的就是应运而生。

在竞选期间，无论走到哪里，罗斯福都会受到人们的欢迎。在芝加哥，大约有15万群众临时自发地组成了欢迎队伍，把罗斯福从火车站一直送到运动场；在波士顿，市议会大厅被拥挤的人群挤得水泄不通，就连附近的街巷里都是人山人海；在纽约，曼哈顿区几乎万人空巷，人们都纷纷涌到大街上来欢迎罗斯福总统；在俄亥俄州和艾奥瓦州，甚至在艾尔弗雷德·兰登任州长的堪萨斯州，罗斯福所到之处都无不受到群众的热烈欢迎。

群众都纷纷伸出手同罗斯福握手，向他招手欢呼。在这些群众中，有的是为感谢总统帮他们拯救了一座农场或住宅，有的是为感谢总统让一座工厂重新开工，还有的是为感谢总统成立了工程兴办局，帮助自己重新找到了就业机会。

甚至有人说，就连老天爷都愿意站在罗斯福一边，因为就在他到田地龟裂的中西部旱区宣扬演说时，天上竟然下起了雨。

无论到哪里，罗斯福都对兰登置之不理，绝口不提兰登的名字，而是仍然猛烈指责赫伯特·胡佛和自由联盟的"经济守旧派"，称他们是新政的敌人，因此也是人民的敌人。他经常向群众讲的一句话就是：

"你们看上去比4年前愉快多啦！"

10月31日晚，罗斯福在麦迪逊广场花园发表了一次激昂慷慨的演说，随后便结束了他的竞选活动。他的此次讲话自然也令听众一次又一次地站起来鼓掌欢呼。他说：

> ……如果没有经过斗争，我们就不能达到今天的这一步。而且我敢肯定，没有斗争也就别想再向前迈进一步。

> 在12年漫长的时间中，我们的国家曾被一个充耳不闻、视而不见、无所事事的政府折磨着。全国人民眼巴巴地看着政府，可政府却转过脸去，毫不理会。9年受金钱愚弄，3年遭遇祸患！9年发疯般地厮守在行情自动显示器旁，3年在领取救济的队伍中苦挨日月！9年愚蠢地想入非非，3年灰心绝望！朋友，在今天，仍然有许多某些强大的势力企图恢复那样的政府。他们的理论是：对一切都漠不关心的政府是最好的政府。

> 在大约4年的时间里，我们的政府不是游手好闲、终日无所事事，而是卷起袖子大干。在这里，我可以向你们保证：我们还将继续大干下去！

在演说中，罗斯福越说越激动。他指出，他的"宿敌"就是"企业界和金融界垄断集团、投机倒把的奸商、鲁莽的银行老板、阶级对立主义、地方宗教主义以及靠战争牟取暴利的投机商"。他还称，这些势力长期以来一直将美国政府看成他们的封地。而且，这几股势力如今已经紧紧地抱成一团，反对一位总统候选人。这在美国历史上还是第一次。

"我想说，"罗斯福进一步指出，"在我领导的首届政府执政期间，这些自私自利、权欲熏心的势力遭遇到了一个势均力敌的对手。"

群众都纷纷站起来，整个公园顿时响起了暴风雨般的掌声和欢呼声。

"我还想说——"

罗斯福刚开口，便又响起了一片欢呼声和铃铛号角声，他的声音被淹没。

"请静一静！"罗斯福高声喊道，"我还想说：到我领导第二届政府的时候，这些势力将会遇到强手，他们也会尝到我的厉害！"

（三）

竞选演说结束后，罗斯福同亲属和朋友们回到海德公园。11月3日，总统竞选开始，罗斯福静静地在海德公园等待选举结果报告，没有到纽约市民主党总部去。

罗斯福对这次竞选连任非常乐观，他全神贯注地计算着一幅大图表上的数目，定时通过专线电话同民主党总部联系。这时，罗斯福的手下向他报告说，他以15000票的优势在共和党盘踞的纽黑文稳操胜券，罗斯福有些不信，又派人重新核实，结果确乎如此。

罗斯福神情轻松地仰靠在椅背上，朝着天花板吐出了一个烟圈，兴奋地喊道：

"哦，好极啦！"

最终按选举人票计算，罗斯福和兰登是523票对8票。罗斯福赢得了46个州的2775万张选票，比共和党的艾尔弗雷德·兰登多出了1107万张，获得了除缅因州和佛蒙特州两州以外的全部选举人票。这不仅是美国政党史上空前的大胜利，也是共和党自杰弗逊总统以来败得最惨的一次。

在国会两院，民主党也掌握了绝对的优势：两党在众议院里是

331∶89席，在参议院是76∶16席。罗斯福也成为自门罗总统以来114年中接连两届由本党控制国会两院的第一位美国总统。

自从1932年罗斯福参加总统大选以来，有500万共和党选民转而拥护了"新政民主党"。宾夕法尼亚州、特拉华州、康涅狄格州等，这些牢不可破的共和党州，自从1846年布坎南获胜以来，首次转向了民主党。可以说，罗斯福几乎赢得了25万人口以上的每一个大中城市的支持。

选举结束后不久，乔治·克里尔在《柯里尔》杂志上发表的一篇文章中称：

"绝大多数人民的呼声代表了全国的呼声。罗斯福总统认为，这种呼声所表明和强烈要求的是全国人民的意愿。"

罗斯福之所以能够以如此巨大的优势获胜，与他个人的人格魅力以及他身边人的良好表现是分不开的。罗斯福出身于贵族家庭，但他却成功地赢得了普通百姓的爱戴；他的双腿残疾，标志着他不畏挫折和肉体痛苦的坚毅精神。而罗斯福周围的人也加深了人们对他的印象——总统是一个和蔼可亲、容易与人相处的人。人们普遍地感到这届政府富有民主精神和深切的同情心。

1937年1月20日，同样是一个寒风凛冽、阴雨霏霏的天气，罗斯福在4年前宣誓就职的老地方再次宣誓就任美国总统。面对首席大法官休斯，罗斯福举手伫立，跟随休斯重复着誓词。

随后，罗斯福总统发表了就职演说。与以往不同的是，罗斯福不再历数过去4年新政中的种种业绩，而是从更高的角度，以更长远和更具历史感的眼光来将新政思想与人类精神的永恒进取联系起来。

罗斯福说：

在4年前，我们在这里集会，举行总统就职典礼时，我们的共和国正处于忧心如焚的时期，但我们在精神上却是毫不动摇的。我们献身于实现一个理想——使每个人都享有谋求幸福所必需的安宁和和平的时代早早到来。我们这些共和国的公民曾经作过保证：要不厌倦地、无所畏惧地努力结束当时停滞不前、悲观绝望的状态。紧迫的事情需要马上处理，我们也是从最紧迫的事情做起的。

而同时，我们也本能地看到了一种更加深刻的需要——通过政府找到实现我们共同目标的一种工具，以便为个人解决在这个复杂的文明社会中不断产生的问题。我们已经企图在没有政府支援的情况下找到解决的方法，结果是一筹莫展。因为，没有政府的支援，我们就不能让科学的作用在道义上受到控制。要让科学成为有益于人类的公仆，而不是无情的主宰，这种控制就必不可少。我们知道，要做到这一点，就必须找到有效的方法来控制盲目的经济力量和盲目自私自利的人们。

接着，罗斯福又指出，美国的基本民主体制和人民的安全保障不是靠取消政府的权力，而是靠将这种权力委托给人民可以通过诚实而自由的选举制度定期决定去留的人。

此外，罗斯福的就职演说还表明，他将进一步实行更为激进的改革，挑战美国的民主制度。

我知道，我国有几千万公民——占全国人口相当大的一部分——现在仍然未能得到按今天的最低标准所要求的大部分生活必需品。

我知道，在城市和农村中，还有数百万人仍然在上流社会早在半个世纪前就认为不适于生活的条件下生活着。

我知道，数以百万的家庭还在依靠极其微薄的收入勉强维持生活，而灾难的阴影时刻都笼罩着他们的全家。

我知道，千百万的人被剥夺了受教育、娱乐和改善他们自己和孩子们命运的机会。

我知道，千百万的人们无力购买工农业产品，并且由于自己的贫困失去了为其他千百万人们工作和生产的机会。

我知道，全国仍有三分之一的人居住简陋、衣衫褴褛、营养不良。

……

不过，我向大家描绘的这个情景并不是由于灰心丧气，我是在满怀希望地描绘——因为我们既然看到并了解到了这种不合理的现象，我们就要把它们消灭掉……

值此再度宣誓担任美国总统之际，我将再次承担起领导美国人民沿着他们所选择的道路前进的庄严任务……

在发表第二次就职演说时，罗斯福没有提到他的任何具体改革措施，而是不断敦促美国人民"坚持要求民选政府的每个部门都用有效的手段来执行他们的意愿"。

再次入主白宫的罗斯福总统一如既往，保持并发展了自己4年以前进入白宫后所带来的全新风格，再一次目标坚定、刚毅果敢地实施起他的新的改革措施……

第十四章　大战之前的风云

　　我们必须成为民主制度的伟大兵工厂。对我们来讲，这是同战争本身一样严重的紧急状况。我们必须以同样的决心、同样的紧迫感、同样的爱国主义和牺牲精神来致力于我们的任务，就好像我们处在战争中表现的那样。

——罗斯福

（一）

　　就在罗斯福担任美国总统的第一届和第二届期间，世界局势已经发生了巨大的变化，德国、日本这两个战争策源地已经形成，战争风云正在从大西洋和太平洋刮过来，这让一向奉行"孤立主义"的美国开始有了危机感。

　　1935年3月，纳粹德国不顾多方反对，公然恢复普遍义务兵役制，在和平时期建立了拥有36个师、约50万人的正规军。希特勒政府更是正式宣布，德国在军备方面将不再受《凡尔赛条约》的约束。对此，英法政府只能在形式上表示抗议和遗憾。

　　同年4月，日本法西斯紧锣密鼓地制造了旨在侵吞中国华北五省的"华北事变"；10月3日，意大利法西斯不宣而战，大举入侵埃塞俄比亚。

欧洲动荡的局势令美国国内的孤立主义者产生了一种紧迫感，他们希望政府马上制定一项中立法案，或者采取一切可能的预防措施，避免美国卷入战争当中。

议员们随即向国会提交了一系列的议案，主张美国应严守中立。罗斯福起初试图将决定中立的问题从外交委员会那里夺回来，以防国会通过一项无区别对待的严守中立法案，但这一举动引起了外交委员会委员们的强烈抗议。

然而，全国上下都十分担心日趋恶化的世界局势会演变成另一次世界大战，因此要求制定中立法案的压力也日渐增大。这种形势迫使国会领导人意识到，国会已经不能再对此置若罔闻了。

罗斯福自然是希望获得总统灵活应对的外交权限，以惩罚意大利，并向德国和日本两国示威，表示美国将同其他民主国家一道反对任何地区的侵略。但他深知，国会和美国人民绝不会同意他在对外问题上采取这样大胆的行为。如果他坚持自己的主张，试图在国际舞台上有所作为的话，就会影响1935年夏季即将进行的第二次"百日新政"期间他正在设法令国会通过的部分立法计划。

8月20日，以参议员伯恩、克拉克、范登堡等人为首的孤立主义者开始阻挠国会通过任何法案。次日，参议院在仅仅经过25分钟的讨论，就通过了一项由皮特曼提出的妥协法案。法案规定，对一切交战国实施武器、弹药和军需品的强制性禁运，但授权总统确定哪些属于军需品以及何时实施禁运；禁止美国船只向交战国运送军火；授权总统不保护乘坐交战国轮船旅行的美国人；规定建立一个军火管理委员会，监督从美国运出的武器。

8月31日，罗斯福总统签署了这一法案。

其实，这项中立法案是一项各方都不满意的决议。它主要是用来在国会休会期间约束总统，与禁酒令差不多，是一种"动机高尚"、但后果极坏的试验。

1936年，国会又将该法案延长一年，同时还增加了禁止给交战国贷款的规定，对新加入战争行列的国家，总统不能行使自主处置权，而应执行强制性武器禁运。

1936年2月，德国以保护日耳曼人为借口入侵奥地利。在随后的慕尼黑会议上，英法两国纵容德国侵略捷克斯洛伐克。于是，德国以侵吞奥地利同样的理由出兵侵占了捷克斯洛伐克。德国法西斯的战争实力进一步加强。

悲愤地目睹了大不列颠正"不能自制、无所作为地沿着通往黑暗深渊的阶梯走下去"的丘吉尔对世人警告说：

"不要认为到此完结了，这不过是算总账的开始，仅仅是尝到第一口苦酒的滋味罢了。"

同年7月，西班牙内战爆发，罗斯福政府于8月7日发表不干涉西班牙的声明。之所以如此，是因为罗斯福接受了英法两国的观点，认为只有严格不干涉，才有可能使西班牙战争局部化，从而避免一场可怕的世界大战再次爆发。为此，罗斯福主动向国会提议修改中立法，将武器禁运扩大到适用于发生内战的国家。国会于1937年1月正式通过补充了中立法，对西班牙内战双方实行武器禁运。

（二）

美国孤立情绪强烈的国会唯恐总统罗斯福领导的行政当局成为一匹脱缰的野马，因此它制定了一个比一个严厉的中立法，以勒紧缰绳。1937年，中立法又规定了不允许美国船只航行的交战区，不准武装美国商船，对交战国实行非军火贸易和现购自运原则。这一系列的中立法表明了美国舆论的和平主义情绪。

很明显，美国的孤立主义鼓励了独裁者，但由于地处欧洲的法国和英国采取了绥靖政策，没有作出一些积极的表示，因此很难指望罗斯福会单方面行动。1938年时，他曾试图取消武器禁运规定，因为这一规定对忠于西班牙共和国政府者的危害远大于对叛乱分子的危害。但国会领导人告诫罗斯福，这将意味着他会"失去所有天主教徒的选票"。

修改中立法，废除武器禁运规定，是珍珠港事件爆发前罗斯福与国会孤立派斗争的主要方面。在慕尼黑危机时期，民意测验表明，有95%的美国人反对美国卷入战争。其实在很大程度上，民意测验都是不同利益集团用以影响和制造舆论的一种手段。但在罗斯福的整个外交活动中，他始终都将民意测验，也就是舆论动向，当成他作出重大决策的依据。这种情况在1937年以后尤其明显。

1937年12月12日，美国炮舰"帕莱号"在中国南京江面被日军飞机炸沉，导致32人死伤。罗斯福和国务卿赫尔对此非常愤怒，要求日本政府对此事故进行道歉和赔偿。然而，孤立派和平主义者则深恐此事导致日美两国对抗，因此要求从中国撤回美国军舰，以免引起新的事端。国内的民意测验也表明，70%的人担心两国发生争端。

早在20年前罗斯福担任美国海军助理部长时，他就担心两洋作战的危险。此时，他更加为自己的主张找到了合适的依据。因此在1938年1月28日，罗斯福向国会递交了要求拨款10亿美元扩充海军军备的咨文，提请美国必须为两洋作战做好准备，建立两洋标准海军，即建立相当于德、意、日三国海军力量总和的两洋舰队。

经过长期的激烈争论，国会最终通过了《文森海军扩军法》，基本满足罗斯福的要求。

1938年10月26日，罗斯福发表了《先驱—论坛》座谈会的广播讲话，他谴责纳粹德国"蓄意将千百万受迫害而毫无办法的人驱赶到世界各地，任其流浪乃至无立锥之地，蓄意将此举当做国家政策的手段"。因此他强调，如果没有普遍的裁军，美国自己也必须继续扩充武装。

11月14日，罗斯福重申希望有一支拥有1万架飞机的空军和一年再生产2万架飞机的能力，这样才能在数量上压过德国和意大利。

同时，罗斯福还秘密向英法提供军火。然而在1939年，一架美国新式轰炸机在试飞中坠毁，在飞机残骸中发现了一名法国飞行员的尸体。这一意外事故泄露了美国向英法出售武器装备的内情，在国会中引起轩然大波，罗斯福被各方纷纷谴责。

1939年1月4日，罗斯福在致国会的咨文中郑重警告说，迄今为止，对国际上不法行为的忽视已给一些民主国家带来了严重的灾难，民主国家不能总是容忍对姐妹国家的侵略行径而不提出有效的抗议，美国不能只是袖手旁观。他说：

"……至少，我们能够而且应该避免因采取任何行动而导致怂恿、帮助或扶持一个侵略者，同时也要避免因不采取任何行动而造成的同样恶果。……我们的中立法执行起来很难做到不偏不倚、公正合理，而这在实际上是援助了侵略者……我们的自卫本能提醒我们：这类事情再也不能发生了。"

罗斯福要求国会召开特别会议，讨论修改中立法，并多次请两党领袖到白宫协商。但国会中的共和党与民主党的保守派却结成了联盟，孤立主义者更是迫使外交委员会于1月19日暂停对中立法法案和西班牙禁运法案的审议。

1939年4月，已从战略中完成对波兰正面包围的德国，一反以往的温和态度，咄咄逼人地要占领"波兰走廊"和丹泽市。波兰政府毫不退让，宣布局部动员，并调动军队向丹泽市集结。至此，德波矛盾加剧。此时，欧洲各条国界上都集结着军队，大战一触即发。

（三）

在国际局势日渐紧张的情况下，罗斯福向希特勒和墨索里尼发出了公开信，并于1939年4月15日向全世界广播，称世界各国人民目前正处于日夜担心战争爆发的恐惧之中，任何一场大战在其进程中都会严重地影响美国人民及其子孙后代。

在印证了一些有关德意企图进一步侵略他国独立的报告材料后，罗斯福问道：

"你们是否愿意作出保证，声明你们的武装部队至少在10年内不进攻和入侵31个国家的领土和属地？"

希特勒尽管声称不想对"美国总统这样一个不足挂齿的人物发出电报"进行作答，但罗斯福的呼吁在全世界各地造成的影响迫使他不得不给出答复。

4月28日晚，希特勒在帝国会议上发表演说，以极其煽动性的语言和狡黠的逻辑论证了对罗斯福公开信的驳斥，从而将会场气氛推向癫狂的戏剧性高潮。他声称：根据调查表明，没有任何一个国家感觉自己正在受到德国的威胁，更没有一个国家曾经请求美国总统为自己谋求和平保证。

这篇充斥着嘲讽、挖苦、虚伪和夸夸其谈的演讲立即轰动一时，纳粹的报纸也展开了对罗斯福的尽情嘲笑和辱骂。

美国的孤立主义者对希特勒的演讲非常满意，甚至有人幸灾乐祸地宣称：

"……我早已得出结论，决不会发生什么战争的……罗斯福想为一些微不足道的小事战斗。他想搞垮欧洲的两个独裁者，以便在美洲牢固地树立起一个新的独裁者。"

1939年9月1日，德国入侵波兰。9月3日，英国对德宣战。第二次世界大战不依孤立派的意志而爆发了。

随后，罗斯福发表了广播讲话，他说：

"任何人都不要不假思索地或言不由衷地谈论美国派兵去欧洲战场……我们努力不让战争蔓延到我们的家园，不让战争扩大到美洲。我这方面，我们有历史先例，可以追溯到乔治·华盛顿当政的时

117

候。……我们依然是一个中立国，但是，我不能要求每一个美国人也都要在思想上保持中立……我希望合众国置身于这次战争之外，我相信，合众国是会置身于这次战争之外的；我相信，合众国将如愿以偿。我可以向你们保证，你们的政府所作出的一切努力也都将以此为目的。"

同时，罗斯福还进一步指出：

"我们的安全现在和将来都是同西半球及其邻近海域的安全联系在一起的。我们不得不认识到，空中传来的每一句话，大洋中航行的每一条船，正在进行的每一场战役，都将会影响美国的未来。……而美国的力量，应该始终运用于为人类争取最终的和平。总有一天，虽然那可能是遥远的一天，我们可能会为受到创伤的人类提供更大的帮助。"

9月7日，罗斯福宣布全国进入"有限紧急状态"，并进行扩军：陆军增加了1.7万人，国民警卫队增加了3.5万人，海军增加了6万人。

战争爆发后，国会对修改中立法的情绪开始变化，甚至有撤销武器禁运的考虑。因为有报告显示，如果中立法不修改，盟国势必会迅速失败，届时美国将在美洲同希特勒较量。于是，罗斯福在通盘考虑整个世界局势之后，请求国会召开会议，取消武器禁运的规定。

9月21日，国会特别会议召开，罗斯福在致词中称，为了避免卷入战争，美国多年来都是根据所谓的"禁运和不交往法"行动的。然而事实表明，这一政策是一场灾难性的失败，它使美国接近毁灭。

此时，罗斯福也抛开了那些冠冕堂皇的辞令，接触到了问题的核心：援助英国就是援助自己。他表示，将军用物资运过大西洋，就能够为美国提供成千上万的就业机会，而且对美国的国防建设也有利。

经过激烈的辩论，国会于11月2日最终同意废除武器禁运条款，但仍保留"现购自运"的规定。

1939年11月4日，罗斯福签署了新的中立法，现在盟国可以从美国购买他们所需要的任何东西，包括火炮、飞机和坦克，唯一的条件就是他们必须用现金支付，而且要用自己的船只运走这些补给品。

中立法的修改，是对希特勒的一次严重警告。事实上，罗斯福从一开始就对德国法西斯保持着清醒的认识，并为之实施了种种防范措施。

在10月11日，罗斯福就任命了一批专家，其中包括经济学家亚历山大·萨克斯。他是一位爱好物理学的非军事人员，又是著名科学家爱因斯坦的朋友。通过他，罗斯福获悉德国在核裂变方面取得了新的进展。当他得知核裂变所产生的巨大爆炸威力是当前所知道的一切东西的几百万倍时，他迅速召见了总统军事顾问沃森将军，命令他立即采取行动。

随后，美国便成立一个协调核裂变研究委员会，专门从事制造原子弹的可行性研究。这就是著名的"曼哈顿工程"——美国制造原子武器工作的开端。

在罗斯福的直接关怀和过问下，美国终于最早生产出世界上第一颗原子弹，并对最后战胜日本法西斯发挥了重要作用。

（四）

1940年4月8日，欧洲战争形势发生巨大变化，德国先后占领了丹麦、挪威、荷兰、比利时、卢森堡等国，英法联军陷入严重的困境。5月14日，德国军队又从色当突破了法军防线，英法惨败。

看到德国如此猛烈的攻势，美国人目瞪口呆。以前，由于同欧洲的地域性隔离；如今，那种舒适感已经不存在了。他们感到自己已经丧失了第一道防线，他们的祖国已经处于危险之中。人们已经强烈地意识到，希特勒的胜利必然会危及美国的安全。此时的罗斯福，再一次成为人民的希望所在，就像几年前人民期待他带领他们走出大萧条的泥沼一样，人民等待罗斯福再一次为他们指引道路。

针对德军闪电战的可怕之处，罗斯福强调，美国有必要建立外围基地，以保护城市不受空袭。他又实事求是地交待了目前为加强陆、海军而进行的工作。

最后，罗斯福还要求国会为空军拨款10亿美元，因为美国的现役飞机必须达到5万架，美国工业每年必须生产5万架飞机和10万台发动机。罗斯福指出，空袭美洲大陆是有可能的：从格陵兰飞到新英格兰需要5个多小时，从百慕大群岛起飞大约需要3小时，从西印度群岛到佛罗里达只需要20分钟，从非洲西海岸到巴西只需要7小时……

这一次，罗斯福顺利地达到了他的目的——唤醒美国民众。众议院共和党领袖这次听了罗斯福的讲话后，只是简单地说了一句：

"我们拥护这个方案。"

随即，国会拨下款项，其数目比罗斯福要求的还要多。

在1940年6月的敦刻尔克大撤退中，英国将它处于绝境中的军队接回去90%，然而武器却丢失殆尽。当英国大使罗西恩伯爵前去向罗斯福求助时，才将实情告诉罗斯福：此时英国只剩下一个旅是装备完好的，大炮实际上已经荡然无存，仅有100辆轻型坦克。如果德国人能够渡过海峡，只需要一个装甲师就可以征服英国。

罗斯福与他的顾问进行磋商，看能做些什么。他可以将武器库中存放的大量第一次世界大战时期的枪支弹药及大炮宣布为剩余物资，然后卖给英国。但鉴于他的顾问们的保守态度，罗斯福暂时没这样做。

1940年6月4日，被德国的进攻推上首相宝座的丘吉尔向英国和全世界发表了慷慨激昂的讲话。

在讲述敦刻尔克撤退时，丘吉尔既没有缩小实际损失，也没有掩饰错误。他的语调充满激情，振奋人心。在这极端危急的时候，他不祈求、不自夸，而是在代表一个临危不惧的民族在讲话。他说：

"不论付出多大的代价，我们都将保卫我们的岛屿。我们将在海滩上战斗，我们将在登陆地点战斗，我们将在田野里和街道上战斗。我们决不投降！"

罗斯福听了这位首相的讲话，心潮澎湃，深受感动，他决定为这个正在受难的国家和人民提供军火。

在当时和稍后的日子里，几乎全美国人都听到了这个声音。整个美国的国民情绪几乎在一夜之间发生了巨大的变化，人们突然意识到，现在似乎只有一个孤单单的英国还站在希特勒与美国之间了，如果德国打过英吉利海峡，那么美国就成为全球最后一个民主国家了。一时间，就连平时对罗斯福进行最严厉批评的人都不得不向罗斯福靠拢了。

6月10日，当罗斯福获悉意大利向法国宣战后，愤然改写了他准备在弗吉尼亚大学讲演的讲稿。在演说中，罗斯福宣布：美国的制度已经在世界舞台上面临危险，它决不可能变成"武力哲学统治着世界上的一个孤岛"，对于他本人，对于绝大多数美国人民来说，那将是一场噩梦。

罗斯福以尖刻的话语表达了对这件事的震惊：

"就在1940年6月的第十天里，抓在敌人手中的匕首已经刺进了邻居的背部。"

最后，罗斯福说出了他在头脑中酝酿许久的一个意图：

"我们要给反对暴力的人们提供我们这个国家的物质资源。今天，我们这个国家对自由的热爱仍然是炽热而坚定的。"

6月22日，法军投降。6月25日，美国海军作战部长哈罗德·斯特克上将在国会上要求为建立一支在两个大洋作战的海军拨款40亿美元。根据这项要求，美国海军的规模将扩大70%，即增加257艘军舰，其中包括几艘战列舰和27艘航空母舰。此时的罗斯福厉兵秣马，加快了备战的步伐。

第十五章　破纪录的三连任

我要宣扬的不是颓废的淫逸哲学，而是自发的人生之道。

——罗斯福

（一）

1940年，又到了美国总统的选举年。罗斯福的第二届任期将在这一年终了后不久期满。这时，人们所关注的是：他是否会打破传统，争取第三次连任？这不仅成为美国各阶层人民热烈讨论的大事，也成为世界各方瞩目的重大事件。

由于7月15日即将在芝加哥召开民主党全国代表大会，所以人们更加迫切地想知道罗斯福的计划，内阁成员和白宫的助手们同一般公众一样迷惑不解。甚至就连总统夫人埃莉诺直到1940年春天的时候还认为罗斯福不会再参加竞选了。

有一次，秘书利汉德小姐问罗斯福，下一届谁将会被提名为总统候选人？总统平静地回答说：

"上帝会指定的。"

罗斯福之所以一直没有正式表态是有原因的。如果他宣布不再连任，他马上就会失去在国会和本党政界人士中的大部分影响；然而，如果他宣布争取连任，又会引起强烈的反对连任三届总统的情绪，从而在他执行对外政策方面束缚手脚。如果他想援助盟国与希特勒作战，就必须获得舆论的支持。他不想给批评他的人提供新的依据。

当时的舆论对罗斯福来说的确不太轻松。美国舆论专家哈德利·坎特里尔在1940年9月所作的舆情分析中指出：

"在整个美国，四分之一的人都认为美国置身战争之外比援助英国更重要；同时还认为，对英国的援助应该比现在给予的要少，或至少不比现在给予的多。尽管他们中的大多数人都认为德国会获得胜利，但他们认为德国的胜利不会打乱他们的生活，也不会危及到美国的安全。"

孤立派组织"美国第一委员会"很快就利用这一舆论作为反对罗斯福连任的一个有力武器。罗斯福的这些对手们总是从最坏处去看他，确信他一心想着连任三届，只是在用沉默掩盖自己的独裁野心罢了。

其实对罗斯福自己来说，是否继续参加竞选的问题也让他内心矛盾重重。一方面，8年的总统重荷确实让他感到十分疲惫，他盼望着能早点回到海德公园过那种安逸的生活，撰写自己的回忆录；另一方面，罗斯福又想巩固新政的成就，将民主党改造成一个自由主义的党。他对保守派感到很失望，因此不愿将领导职位拱手让给那些保守派，他们是不会关心那些"住得差、穿得差、吃得差的人"的。罗斯福设想，民主党将成为自由派的安息所，不管他们以前忠于哪一方。而民主党内有望获得提名的似乎只有法利和加纳，但他们两位对罗斯福的新政不感兴趣，并对现行的外交政策颇具微词。罗斯福意识到，如果延续新政一脉的政治，其他新政派人选显然不如自己稳妥。

事实证明，希特勒的疯狂侵略对罗斯福再次参加竞选起到了决定性的作用。4月9日，德军占领丹麦。4周后，西线突然开火，德军穿过中立国荷兰和比利时，向马其诺防线包抄，荷兰、比利时的军队几乎立即被击溃。接着，法国陆军的快速后备部队和英国远征军也节节败退。英国只好请出丘吉尔来领导对付这场危机。

随着国际危机的加深，罗斯福在群众中的威信也扶摇直上。千百万

123

美国群众慑于外来威胁，都本能地支持着他们的领袖，不再是去关注反对他三次连任总统这件事了。

到1940年的6月，已经有成千上万的民主党政治活动家在为总统再度竞选大肆鼓噪。罗斯福已经获得足够的代表票数，在候选人提名中可以轻易获胜了。

（二）

在1940年6月举行的共和党代表大会上，温德尔·威尔基获得了共和党的总统候选人提名。他渴望挑战并保证要发动一场轰轰烈烈的竞选活动。他向当时还在遮遮掩掩的罗斯福发出挑战，要他出来与自己竞选总统，并声称希望获得与民主党所能提出的最有力的对手一决高低的荣誉。他喊道：

"请把你们的主帅请出来！"

威尔基的挑战引起了罗斯福的斗志，同时也消除了他对不得不连任三届的政治传统的顾虑。因为从威尔基的话的字面意思来理解，就是"让不得连任三届的传统见鬼去吧！让我们来一次真正的较量！"这让人们将这场角逐看成为一场惊心动魄的比赛。

所以，当罗斯福答应参加竞选连任总统时，人们关注的并不是他违反了传统或惯例，而认为他只是在接受对手的挑战。

当罗斯福决定竞选连任的消息传出后，在民主党内部引起了轩然大波，大部分人表示支持，少数人表示反对。罗斯福的支持者们打算直接指定他为总统候选人，而不再采取投票的方式。但这样做的话，就必须征得现任副总统加纳和民主党主席吉姆·法利的同意，因为他们二人一直坚持出任下一届总统的候选人。

7月7日，在民主党代表大会召开前的一个星期，法利驱车前往海德公园会见罗斯福。罗斯福向法利解释了他以前表示不争取第三个任期的打算不能兑现是因为国际危机。但法利表示，他反对罗斯福这样做。显然，法利不愿意退出竞选，那就只能由代表大会以鼓掌的方式提名罗斯福为总统候选人了。

关于竞选伙伴的问题，罗斯福与法利也没有达成一致。但在这次竞选时，罗斯福第一次提出了关于他身体残疾的问题。他说：

"同我一道竞选的人必须身体健康，因为谁也不知道我还能够坚持多久。一个身体瘫痪的人随时都可能垮下来。人的一生，任何事情都不是肯定的。……而且十分重要的是，同我一道竞选的人应该随时准备接替我的职务。"

7月15日，民主党全国代表大会在芝加哥举行，罗斯福没有到会。他派了自己的得力助手霍普金斯参加会议，并要求霍普金斯随时向自己汇报事态进展情况。他要民主党自动向他发出召唤。

大会进行的第二天晚上，常任主席艾尔本·巴克利参议员在一篇冗长的演说后半段，宣布要朗读总统通过代表大会临时主席致大会的一封信。信中声明，总统今天没有，而且从来也没有任何愿望或企图，想在明年1月之后继任总统。总统以诚挚和恳切的心情表示，出席大会的全体代表完全有自由投票选举任何一位总统获选人。

巴克利主席刚将这一声明一宣读完，全场震惊，接着是一阵沉默。随即，从四周扩音器中雷鸣般地迸发出一个声音：

"我们需要罗斯福！"

很快，一些代表们开始拿起他们的州旗，在通道里游行；接着，越来越多的代表和参与者也加入其中。芝加哥选区的代表立即在走廊中喊起来：

"我们要罗斯福！我们要罗斯福！"

不一会儿，从会场中又传来一阵接一阵的吼声：

"芝加哥需要罗斯福！"

"伊利诺斯需要罗斯福！"

"纽约需要罗斯福！"

"美国需要罗斯福！"

……

最终，罗斯福以946票压倒多数的优势获得了民主党总统候选人的提名。

（三）

提名结束后，过了午夜，罗斯福才开始发表他的提名演说。在总统登上主席台时，一盏强烈的聚光灯照射在悬挂在体育场钢梁上的一幅罗斯福的巨型画像上。

罗斯福演说的语气平和而有力，就像父亲对不守规矩的儿子说话一样。他说：

"今天晚上，时间已经很晚了，但我感到大家宁愿让我现在对你们讲话，而不是等到明天。"

接着，罗斯福对自己为什么会违背不准连任三届的传统作了解释：

> 我应该承认，此时我的心情是复杂的——因为，正像每个人在他的一生中迟早要面对的那样，我发现自己正处于两种矛盾的心理之中：一方面，我个人热切希望退休；另一方面，那个不声不响、看不见的叫做"良知"的东西却又不允许我这样做……
>
> 在许多个不眠之夜，我常常扪心自问，作为海陆空军总司令，我是否有权号召大家为国效劳？或者接受训练准备为国效劳？而当全国人民也要求我以自己个人的地位为国效劳时，我却不肯这么做。
>
> 如今，由于一种压倒一切的国际危险，所有的私人计划，所有的私人生活，在一定意义上来说都已被置之度外。在国家面临危险的情况下，所有能够为共和国效劳的人们都没有其他选择，只能为

国家尽力而为。

就像大多数与我同龄的人一样，我也有我自己的计划，我也想享受我自己选定的、称心如意的个人生活，希望这种生活从1940年1月开始。但是……一切私人的计划，一切私人生活的安排，从一定意义上来说，都被人类面临的一个巨大的危险所否定了。

只有人民才能召唤回他们的总统。如果人民向我发出了这样的召唤，我愿意用最简单的言语向你们表示：我将在上帝的保佑之下，继续奉献出我的全部才能和全部力量来为你们服务……

罗斯福的讲话简朴而深刻，令人感动。

不过，1940年的大选对罗斯福和威尔基来说都不容易。当时，美国人口已达到1.3亿，经济持续衰退，失业人口仍有900万。除了一般的内政问题令人困扰，具有无法解决的复杂性之外，又笼罩着世界大战的可怕阴影。因此，人们的心绪都很浮躁，根本无心认真去倾听总统候选人那炮制出来的演说。所以，当时的人们并没有特别注意两位候选人均未提出什么系统政纲，甚至在一些内容上也是相互交叉或雷同。

威尔基的活动能量很大，有时一天发表的演说多达15次。他周游全国，大谈特谈罗斯福的种种过失，但罗斯福却巧妙地将自己置身于竞选之外，而是将绝大部分注意力集中在即将爆发的不列颠战役上，为战争进行着种种准备。

当时，德国潜艇四处活动，正在消灭作为英国生命线的运输船队的主要力量。英国人正在遭受轰炸和围困，几乎到了崩溃的边缘。

早在5月15日时，英国首相丘吉尔就请求借用美国在一战后遗留下来的正在重新装备的四五十艘驱逐舰，但罗斯福鉴于国内的反对，没有马上答应。此次，他以行政命令恢复了威尔逊为准备参加一战而在1916年成立的国防咨询委员会。6月，为在一定程度上给予英国援助，罗斯福撤掉了本党中有孤立派观点的陆军部长伍德林，任命积极主张援英抗德的共和党人亨利·史汀生担任陆军部长，弗朗克·诺克斯任海军部长。

到了9月12日，罗斯福终于以非凡的勇气冲破重重障碍，靠行政命令将这些驱逐舰转让给英国人。罗斯福对国会的反对派们说：

"哪怕再推迟一天，就可能意味着文明的消失。"

（四）

随着大选日期的临近，罗斯福认为该是"提醒全国人民注意有意无意或无意歪曲事实的行为"的时候了。

1940年10月3日，罗斯福在费城发表了他的第一次演讲。他声称，作为一名竞选老手，他喜欢光明正大地战斗，而共和党的所有数据和说法都是捏造出来的。

在竞选的最后一站克利夫兰，罗斯福穿上护腿，由沃森"老爹"搀扶着走向后厢平台，向前来听他演说的群众致意。

曾为罗斯福草拟演说稿17年之久的罗森曼认为，在罗斯福所有最好的演说中，这次在克利夫兰的演说可列为第二位。

罗斯福稍微提了一下第三任的问题，称4年后"将由另一个人来出任总统了"时，全场里"不！不！"的狂呼声几乎打断了他的话。

思维敏捷的罗斯福马上将嘴巴凑近话筒，加大嗓门继续向下讲，以便将这种显得他将永远当总统的呼声不至于从广播中扩散出去。

11月5日，共有5000万选民参加了选票。罗斯福以2724万票对威尔基的2230万票，选举人票为449对82。罗斯福赢得了除辛辛那提以外的所有40万人口以上城市的支持。

这几乎是一场势均力敌的竞选，它几乎没有显示出两党惯有的政治哲学及施政纲领上的鲜明对垒。民主党的胜利也主要是罗斯福个人的胜利。另外，为数众多、收入属于中下等的阶层主要投了罗斯福的票，而几乎所有的大集团都转向了威尔基。

1940年的这次大选结果不仅打破了美国100多年来的政治传统，而且成为第二次世界大战期间的一次有重大战略意义的搏斗。罗斯福第三次就任美国总统，比起他在大危机年代临危受命挽救资本主义体系来，显得更具有重大意义。

第三次当选总统，也让罗斯福理所当然地认为美国人民对他的新政是认可的。现在，他可以比较放手地执行他的外交政策了。事实上，从1941年1月29日起，到3月29日，英美参谋人员就已经在华盛顿进行了秘密会商，制定美国日后参战的蓝图——《ABC—1》计划，计划在大西洋集中力量打击德国，在太平洋方面采取守势。这一战略原则的出发点是：打垮了德国，日本和意大利就无法继续坚持下去；而打垮了日本和意大利，德国仍然能继续打下去。

如果说在一年前，罗斯福正为废除中立法中武器禁运的条款而苦恼，那么在1940年12月29日发表炉边讲话时，他已经能够提出"我们必须成为民主国家的伟大兵工厂"的口号了。

在这次讲话中，罗斯福强调说：

"过去两年的经验已经毋庸置疑地证明，任何国家都不能姑息纳粹，任何人都不能靠抚摸来将老虎驯服成小猫。不能姑息残忍的行为，对于燃烧弹是不能讲道理的。我们知道，一个国家只有以彻底投降为代价才能同纳粹保持和平。"

就在这一夜，伦敦遭到了大战中最为猛烈的一次轰炸。在1941年1月6日致国会的咨文中，罗斯福谴责了美国至今仍然存在的一部分绥靖主义者，并再次强调美国在此次战争正所能起到的最有效、最及时的作用，就是成为民主国家以及我们自己的兵工厂。

几天后，罗斯福向国会提交了由财政部起草的租借法案。1941年3月8日，经过长达两个月的激烈辩论，参议院和众议院都通过了租借法案。3天后，罗斯福签署了租借法案。

　　该法案授权总统"向总统认为其防务对保卫合众国至关重要的任何国家的政府出售、转让、交换、出租、借与任何防务器材"。另外，美国各个造船厂的设备也可供这些国家使用。

　　罗斯福还不失时机地要求国会拨款70亿美元，作为生产与输出租借物资之用，国会很快就通过了。

　　租借法案实际上是令1939年的新中立法中的限制性条款自行作废，同时也意味着一个时期的结束。它是罗斯福政府将美国从忸怩作态的中立引向国际合作和直接参加世界反法西斯战争的决定性一步。

　　为了保障租借法案的顺利实施，美国不可避免地扩大了巡逻区，并以海军护舰来对付德国军舰和潜艇组成的"狼群"。

　　5月21日，美国运输船罗宾·摩尔号在从纽约开往开普敦途中被德国舰艇击沉，罗斯福据此宣布，美国将处于"国家紧急状态中"，并发出了"遇敌即歼"的指令。至此，美德两国在大西洋上已经处于实际上的交战状态，并成为真正与英国并肩作战的盟友。

第十六章　发表《大西洋宪章》

人经过努力可以改变世界，这种努力可以使人类达到新的、更美好的境界。没有人仅凭闭目、不看社会现实就能割断自己与社会的联系。他必须敏感，随时准备接受新鲜事物；他必须有勇气与能力去面对新的事实，解决新的问题。

—— 罗斯福

（一）

1941年6月22日凌晨3时，希特勒采取了不宣而战的强盗惯伎，突然对苏联发动进攻。随后，意大利、芬兰、罗马尼亚和匈牙利也一道参加了侵略苏联的战争。第二次世界大战中规模最大、最具有决定性的大战，在苏联的国土上展开了。

希特勒妄想用迅雷不及掩耳的"闪电战"，在6个星期到2个月的时间内打垮苏联，在冬季到来之前结束战争。

苏德战争爆发后，立即引起世界各国的关注。美国有些内阁部长和高级将领都力主乘机向法西斯展开进攻。然而，罗斯福却仍然希望保持一种半交战的状态，不想同纳粹德国发生公开的冲突。他本能地认识到，德国对苏联的入侵已经扭转了战争的进程，并认为这是在美国不直接卷入的情况下促进他抵抗希特勒政策的一个机会。他对陆军部长说：

"我认为，向俄国提供各种合理的弹药援助，对美国的安全是至关重要的。"

虽然罗斯福一直在紧锣密鼓，也采取了一系列措施，但他仍然受到来自两方面的强大压力：参战派人士如史订生、诺克斯、摩根索等，认为要解救被希特勒奴役的国家，美国必须参战，而且越快越好；而孤立派则大声喊叫，对英国只能采取除战争以外其他援助方式，决不能涉足战争。

对此，罗斯福本人的观点是：一方面对德国保持强大压力，同时谨慎行事，既注意德国可能采取的措施，又注重公众舆论的动向。罗斯福曾对急不可待的参战派谈了自己的想法：

"我从伍德罗·威尔逊那里获得了经验，以巨大的分裂令国家投入战争是一件十分可怕的事。如果我们要投入战争，我也希望大家能够团结一致。"

他还引用威尔逊的话说；

"当我们要同德国战斗时，我们必须弄清楚，全国不仅同我们一起战斗，还要愿意同我们一起战斗到底。"

德苏战争爆发不久，英国首相丘吉尔就向世界庄严宣布：英王陛下已经决定给予苏联和苏联人民以一切可能的援助。他说：

"在过去25年中，没有谁像我这样，始终一贯地反对共产主义。我并不想收回我说的话，但是，面对展现在我们面前的这种情形，这一切都已经黯然失色了。"

在丘吉尔的这次演说后，人们开始敦促罗斯福加快步伐。在这关键的时刻，罗斯福还是保持冷静，一点点地加快步伐。在采取援助苏联的公开行动之前，他希望能弄清苏联的实力，包括物质和精神的，他们到底能支持多久？

7月11日晚上，霍普金斯同罗斯福进行了一次长谈，随后，罗斯福潦草地写了一份海底电报，指示怀南特大使通知丘吉尔，霍普金斯很快就要同他在一起了。

7月13日一早，霍普金斯飞往蒙特利尔，随后到纽芬兰的甘德，然后又从那里乘一架租借法提供的B—24轰炸机前往苏格兰的普雷斯特韦奇，在那里见到了丘吉尔，讨论战事出现的崭新局势。

当霍普金斯与丘吉尔会面时，在苏联的战争已经进入第四周了。在霍普金斯抵达伦敦的前几天，英苏两国已经签订了"联合行动协定"。该协定规定：

一、两国政府保证，在对希特勒德国作战期间，互相给予一切援助和支持；

二、两国互相保证，在这次战争中，除非经过双方同意，任何一方既不得谈判，也不得签订停战协定或和约。两国政府取得谅解，日后还需用更明细的政治与军事协定来补充本协定。

在伦敦期间，霍普金斯同丘吉尔详细地讨论了召开大西洋会议的问题。他们发现，英国人和美国人当时所有的主要估计都是以不充分的情报和推测作为根据的。当时对于战争各阶段的各种考虑，包括美国的生产和租借法在内，都取决于苏联能够支持多久的问题。

于是，霍普金斯决定亲自去一趟莫斯科，设法从斯大林本人那里获得关于这个问题的一切答复。

7月25日，霍普金斯给罗斯福发了一份电报，提出了自己的建议。罗斯福很快就同意了他的建议。

霍普金斯一抵达莫斯科就受到苏方的热烈欢迎。第二天下午6时半，霍普金斯在大使的带领下来到克里姆林宫会见了斯大林。斯大林热情地接见了这位美国特使。随后，斯大林向霍普金斯全面地介绍了苏联战场的情况。

斯大林说，战争爆发时，德国在苏联的西线军队共有175个师。但从那时到现在，他们的已经增加到232个师了。他相信，德国能够动员300个师。

在战争爆发时，苏联有180个师，但其中许多师都远在作战前线的后方，不能马上动员。因此当德国军队打来时，没有进行充分的抵抗。现在，苏联在前线师的数目已达240个，另外还有20个作为后备。至今约有三分之一的部队还没有处于炮火之下。

斯大林说，德国低估了苏联军队的实力，而且他们现在在整个战线上都没有足够的部队既能进行成功的进攻战，又能同时守卫他们漫长的交通线。他说，德国部队似乎感到很疲劳，他们俘虏到的德国军官和士兵都曾表示，他们"对战争感到厌恶"。在过去的10天中，苏联的部队所受到的压力已经缓和了许多。

最后斯大林说，他相信苏美终归难免在某一战场上同希特勒搏斗一场，但他认为，这场战争将会是十分艰苦的，也可能是长期的。他要求霍普金斯转告罗斯福总统，尽管他有信心，苏联军队能够顶得住德国军队，但到来年春天，供应问题可能会成为一个严重问题，届时他将需要朋友的帮助。

在两天的时间里，霍普金斯从斯大林处所获得的关于苏联实力和前途的情报，比他们准许给予任何外人的都要多。在离开克里姆林宫时，就霍普金斯这一方面来说，也是怀有这样深刻信心的，即斯大林自己或通过任何他人都不是说话不负责任的。这的确是英美和苏联战时关系的转折点。英美所有的估计都不能再以"苏联大概快一蹶不振"作为依据了，他们不再进行悲观的预测，而是树立了对苏联的信心。

在莫斯科紧张奔波了一周后，霍普金斯于8月1日乘军用飞机转道伦敦回国。

（二）

1941年8月9日到12日，在纽芬兰艾金夏半岛的普拉森舍湾上，罗斯福与丘吉尔这两位伟人开始了他们的第一次历史性会晤。这次会晤，是在美国还没有卷入战争的情况下，罗斯福以美国总统的身份第一次远离本土，与正在进行生死搏斗的英国领导人就战争问题进行磋商的一次具有特殊意义的事件。在此后的整个二战期间，两位领导人在会议和访问中共相见11次，在一起的时间总计约120天。

为了此次会晤，双方都作了充分的准备。罗斯福对于他所进行事业的正义性抱有热忱的信念。但现在，他还没有一个关于原则与目标的宣言。他需要一个美英两国共同作出的、关于目的和理想的联合声明，借以向全世界宣告他们为之战斗的崇高目标。

而英国首相丘吉尔则希望通过此次会谈达成某种重大的协议。在丘吉尔的心中，美国还是他母亲的祖国。他冒着生命危险，在没有足够的舰艇、飞机护航的情况下，横渡战火纷飞的大西洋，经过整整5个昼夜的航行，来会见通信已接近两年之久的美国总统罗斯福。

8月9日早晨，天空有些雾气。罗斯福乘坐的"奥古斯塔号"在纽芬兰艾金夏半岛的普拉森舍湾抛锚，罗斯福在这里等待丘吉尔的到来。

当丘吉尔乘坐的"威尔士亲王号"驶来时，罗斯福命令儿子埃利奥特扶他站起身来。麦金泰尔医生俯身为他扣紧了支架。

罗斯福脱下帽子，立正致敬。他清楚地看到丘吉尔在英国军舰的舰桥上向他行礼。接着，英国船驶转向一个没有旗子标志的浮标，在那里抛锚。

11时整，海军上将的汽艇驶离"威尔士亲王号"，总统站在"奥方斯塔号"的旋梯上等候，汽艇到达船边。随后，在汽笛的鸣叫声和海军仪仗队举枪致敬的碰击声中，穿着褐色海军制服，略显古板、粗率而有力的丘吉尔首相走上船梯。

首相停下脚步，礼貌地朝后甲板致敬，然后笑眯眯地伸出双手走上前去。

"终于见到您了，总统先生！"

"我很荣幸在船上与您相会，丘吉尔先生。"罗斯福回答。

随即，两只手紧紧地握在一起，激情犹如强大的电流一般传遍他们的身体。对这两位伟人来说，这一次的会晤象征着他们共同拥有梦寐以求、努力争取并最终实现的目标。世界上最强大的两个民主国家首脑间的合作从此开始了。

在当天晚上的商讨中，罗斯福和丘吉尔都关注到日本以及它向东印度群岛和马来亚进逼的形势。双方都认为，决不能让日本人越过法属印度支那的金兰湾以南，但仍要尽一切努力推迟战争的爆发。

"您认为我们可以争取到多长时间？"丘吉尔问。

"我想还能把日本拖上几个月吧。"罗斯福回答说。

但在具体的战略上，双方产生了分歧。丘吉尔担心日本可能会切断英国通向印度和东南亚的生命线，所以，他希望美国能参战，或至少说服美国同英国一起，警告日本不要对马来亚和荷属东印度群岛发动进攻，以遏制战争的继续蔓延。

罗斯福同意向日本递交一份强烈的照会，但不答应美国马上参战，认为美国人民目前在思想上准备还不充分。同时，罗斯福还拒绝了丘吉尔关于美国在新加坡举行一次参谋部会议以讨论保卫东南亚的措施的建议。罗斯福对自己的部下说：

"丘吉尔和你我不同，他非常固执。他与其他人一样，希望在战争结束时能再次扩大他的帝国。他希望我们支持他……我不得不一再拒绝他要惊动日本的恳求，因为我想尽一切努力不给日本人造成进攻我们的口实。"

（三）

1941年8月12日，罗斯福与丘吉尔在"奥古斯塔号"内起草《大西洋宪章》。在场的人除了丘吉尔和罗斯福之外，还有具体草拟初稿的韦尔斯和卡多根、哈里·霍普金斯及刚从英国飞来的比弗布鲁克勋爵等。

这时，罗斯福总统用洪亮的声音慢条斯理地朗读着：

"美利坚合众国总统和英王陛下政府的首相丘吉尔先生，认为有必要……"

"总统先生，"丘吉尔打断罗斯福的话，插话说，"我们是否应该说：'会晤之后认为有必要'？"

"很好。"罗斯福大声说，"就这么说……'会晤之后认为有必要'宣布两国的若干共同原则，他们希望根据这些原则改善世界的未来局势。"

就这样，罗斯福和丘吉尔逐字逐句地写着，有时意见一致，有时则激烈争辩，然后一点一点地让这个伟大的文件成形，成为自由世界的"伟大宪章"——《大西洋宪章》。

《大西洋宪章》最后提出8点主张：英美两国决不进行任何扩张；反对强加于人的或不民主的领土易手；包括被强行剥夺权力的人民在内的所有各国人民，都拥有自主权和自治权；所有国家对其所必需的各种原料享有经济上的平等待遇；通过经济合作，保证"提高劳动水平，加快发展经济，改善社会治安"；战后和平应保障各国安全，消除人类的恐惧和匮乏；海上通商自由；在建立一个更广泛、持久、普遍安全的体制之前，解除侵略国的武器，削减军备负担。

在这次会议上，罗斯福作出的唯一承诺，就是回到华盛顿时将与野村见面，并向国务卿赫尔发出电报，让他安排见面。

8月12日，罗斯福与丘吉尔分手告别。当丘吉尔乘坐"威尔士亲王号"离开艾金夏时，美国驱逐舰队将他的舰只一直护送到冰岛。

大西洋会议结束后，美国护航行动进一步扩大。早在1941年9月4日，德国潜艇曾攻击美国驱逐舰"格里尔号"。这是美国军舰第一次遭到德国潜艇的攻击。鉴于这次袭击以及其他袭击事件，罗斯福下令"遇敌即歼"。

为抓住这一事件在国民中进行深入的思想发动，罗斯福特意举行了一次记者招待会。9月11日，总统下令对"大西洋上的响尾蛇看见了就打"。他说：

"在响尾蛇摆开架势要咬你时，你不会等它咬到了你才把它踩死。"

"是时候了，全体美国人，整个南北美洲的美洲人，都应该丢掉那种不切实际的幻想，以为南北美洲竟能在纳粹支配的世界中幸福而和平地生存下去！"

从此以后，美国与纳粹德国双方之间的斗争已到了一触即发之势。1941年9月19日，美国商船"平克斯塔号"在冰岛西南被击沉，罗斯福遂于10月9日向国会申请修改1939年的中立法，要求武装商船，恢复开过船只开赴战区的贸易权。

就在国会为罗斯福的这一申请辩论得难解难分之际，10月17日，美国的驱逐舰"基尔尼号"又在冰岛西南部被击伤，导致11人死亡。三天后，美驱逐舰"卢本·詹姆斯号"被击沉，导致96人死亡。

这几起沉船事件令罗斯福非常愤怒。他大声地向全国宣布：

"我们希望避免交火，但还是交火了。到底是谁先发第一枪，历史已记录在案！"

随即，罗斯福宣布美国将对北大西洋海域的运输货船给予保护，即使它已伸展到贴近德国人所说的"作战区"的水域，也在所不顾。罗斯福命令对北美到冰岛航线上的船只进行全面护航，美国海军随时准备采取行动。

11月7日，参议院和众议院分别通过再次修改中立法的决议，取消禁止武装商船和关于美船不得进入战区和交战国港口的规定。从此，美国与德国在大西洋上开始了未经宣战的战斗。

第十七章　卷入第二次世界大战

当人们自由地追求真理时，真理就会被发现。

——罗斯福

（一）

就在罗斯福忙于处理与德国之间的海上冲突时，他的母亲萨拉夫人却不幸病重。1941年9月6日晚上，老人的心脏病突然发作，第二天便不幸去世了。

对于母亲的病逝，罗斯福十分悲痛。在母亲的葬礼上，罗斯福总统在没有特工人员的陪同下露面了。这是他第一次，也是唯一的一次。

9月11日，罗斯福回到白宫，衣袖上戴着黑纱，向全国发表了广播讲话。他再次号召全国人民抛弃幻想，准备斗争。为了保卫自己的国家，应该随时作好战斗的准备。

然而，就在美国准备在大西洋与德国作战时，奸诈狡猾的日本法西斯强盗在"和谈"的掩护下，突然向美国这个庞然大物狠狠地刺了一刀。

1941年12月6日，罗斯福亲自向日本裕仁天皇发电报呼吁和平。他认为，这是防止美日战争的唯一途径。他的电报中说：

"我们两个人都有恢复传统的和睦、防止人类进一步死亡和毁灭全世界的神圣义务，这不仅是为了我们自己的伟大国家的人民，也是为了邻邦的人民。"

12月7日一早，罗斯福像往常一样开始了他一天的工作。中午时，罗斯福和霍普金斯在总统的办公桌上一起吃午饭，饭后两人谈论着战争以外的一些话题。

下午1点47分，电话响了。总统拿起电话，电话员表示歉意，说是海军部长诺克斯打来的电话，坚决要求与总统通话。

"总统先生，看样子日本人好像要袭击珍珠港！"诺克斯着急地在电话中说。

原来，在这天上午，海军部的电讯部门侦获了一份"令人难以置信"的电文，那是美国太平洋舰队总司令金梅尔向夏威夷的全部美国舰队发出的一份特急通知：

"珍珠港遭到空袭——不是演习。"

诺克斯收到这封电讯后，吓得倒吸了一口气，自言自语地说：

"这不可能是真的，那一定是菲律宾！"

可他还是赶紧拿起电话，向总统报告了这一突如其来的消息。

霍普金斯听到这一消息后，连说"不会！不会！"，这个洞悉世界政治风云的顾问认为日本不敢冒天下之大不韪来袭击珍珠港。

"这恰恰是日本人采取的出乎意料的行动。就在他们谈论太平洋的和平时，他们却在密谋破坏和平。"罗斯福说。

然后，罗斯福又谈了自己为使美国不介入战争所作出的努力，最后怀着沉重的心情说：

"如果这则消息是准确的，那就完全令我无法控制局势了，战争会越来越大，那么，日本人就要使美国身不由己了。"

几十分钟后，海军参谋长哈德罗·斯特克又打来电话，证明袭击是真实的，并且损失惨重。消息在数小时内便传遍了华盛顿。

珍珠港是美国在太平洋上最大的海军基地，位于夏威夷群岛的中心瓦胡岛的南端，面积达1549平方千米。海港的中央有个福特岛，是美国海军的航空站。在珍珠港事件发生之前，美国太平洋舰队共有86艘舰艇停泊在这里，其中包括战列舰8艘，驱逐舰28艘，巡洋舰7艘，潜水艇5艘，但并没有航空母舰在。

1941年12月6日，日本法西斯头子东条英机及其军政要员通宵未眠，在东京通过电波指挥着一场震惊世界的向南亚和夏威夷群岛进军的战役。

7日黎明，日本联合舰队接到东京大本营的指令，向美国太平洋舰队基地珍珠港发起突然袭击，从而揭开了太平洋战争的序幕。

（二）

日本偷袭珍珠港的特遣队共拥有6艘航空母舰，载着432架飞机，担任护航的是2艘战列舰、3艘巡洋舰、3艘潜水艇和9艘驱逐舰。另外27艘潜艇作为先遣队已经提前出发了。这支特遣舰队在11月26日出发，选择了严寒多雾的北方航线，隐蔽前进，以便能避开美国的巡逻飞机和来往的商船。

12月7日早6时左右，日本特遣舰队到达预定停泊点，即瓦胡岛以北370千米处，特遣舰队司令南云忠一随即命令第一批183架飞机准备对珍珠港港口进行轰炸。

夏威夷时间7日上午6点15分（华盛顿时间7日上午11时45分），第一批袭击队的183架飞机从6艘航空母舰上一架接一架地起飞了。

就在第一批袭击队的183架飞机从瓦胡岛以北200海里处起飞，直指珍珠港时，在该岛以西200海里的地方，18架机翼上涂有星形标记的飞机也从航空母舰上起飞了，同样也是朝着珍珠港的方向飞去。这18架飞机是美国航空母舰"企业号"的SBD俯冲轰炸机。

为了加强威克岛的防御能力，"企业号"还向该岛的海军陆战队运去了12架战斗机。本来运送任务完成后，"企业号"就准备在当天上午7点半通过珍珠港航道，8点在港内停泊。但"企业号"在从威克岛返航途中恰逢天气大雾，便推迟了返航时间。

日军的第一批轰炸机开始发动袭击的时间是上午7点55分，如果"企业号"按原定时间返航的话，那么它必将遭到日军的轰炸，葬身于珍珠港的浅海当中。应该说多亏了这坏天气，"企业号"才避免惨遭厄运。

1941年12月7日晨7时48分，日本联合舰队的第一批零式飞机飞抵瓦胡岛北端的卡胡库角。渊田中佐用莫尔斯电码向机动部队发出了命令——"托！托！托！"其含义是第一次全面攻击开始。

于是，各类飞机腾空而起，寻找自己的捕获物，一场残酷而野蛮的轰炸开始了……

至9时45分，这场致命性的突然袭击才结束，日本飞机纷纷离去。此时，烟雾弥漫的珍珠港到处都是汽油燃烧的恶臭味。"亚利桑那"号、"俄克拉何马"号和"加利福尼亚"号战舰已被击沉；"西弗吉尼亚"号拖着火焰正在下沉；"内华达"号已经搁浅。其余的3艘战列舰"马里兰"号、"田纳西"号和"宾夕法尼亚"号都受到不同程度的重创。福特岛上的海军飞机不是被炸毁就是被炸坏，没有一架可以使用了……

当罗斯福总统获悉这一令人惨痛的消息后，马上打电话给陆军部长史汀生，激动地问他知道不知道已经出事了？

"是啊，"史汀生回答说，"听说来了电报，日本人正在暹罗湾挺进。"

"不！我问的不是这个，"罗斯福大声说，"他们进攻夏威夷！正在轰炸珍珠港！"

这个消息让史汀生万分震惊，作为陆军部长，他居然还被蒙在鼓里，这让他感到非常惭愧。但他想，现在用不着再犹豫不决了，危机已经到来，它将使美国人民立刻团结起来。

当晚8时30分，内阁在白宫召开会议。罗斯福总统用庄严的语气宣布，这是自当年内战爆发那次会议以来最严肃的一次内阁会议。他首先列举了珍珠港的损失：太平洋舰队中有18艘舰只沉没或受到重创，188架飞机被毁，159架炸坏，美军死亡2403人，重伤和失踪2233人。但幸运的是，航空母舰出海去了，而且日本轰炸时漏掉了海军船坞内的油库和潜艇库。

与会的珀金斯部长以她女性特有的细腻和直觉观察到，总统在听到被进一步证实的受损消息后，有片刻极其难过的表情，甚至有些体力不支。但很快，他又似乎感到如释重负。

"长期以来，我们紧张地猜测日本会采取什么行动，什么时候动手，我们要不要在没有明显攻击我们时去保卫新加坡……这一切问题折磨了他好几个星期、好几个月，现在终于完全结束了。"珀金斯部长后来这样形容当时罗斯福的感受。

珍珠港事件促使了美国人的觉醒，罗斯福总统深感内疚。他认为，这是美国历史上的奇耻大辱。他决心以此教育美国人民团结起来，狠狠地打击法西斯侵略者。

（三）

12月8日，罗斯福前往国会，作了不久就举世皆知的名为《一个遗臭万年的日子》的演说。

当罗斯福总统装着支架，由他儿子詹姆斯上尉搀扶着缓步穿过国会大厅时，欢呼声像暴风雨一般爆发出来。罗斯福接受过无数次的欢呼，但从未有一次像今天这样。似乎所有的这些人，不论是民主党还是共和党，都在向他，并且通过他，向他们的祖国表达他们的赤胆忠心。

罗斯福缓缓地登上讲坛的斜坡，走向演说的位置。他面对着沸腾的人群站好，面色凝重，双目凝视前方。他一手扶着讲台，一手打开一个好像小学生使用的黑色笔记本，然后抬头望望座无虚席的观众席。在全国各地，美国人民此刻正聚集在收音机前，倾听着自己熟悉的声音。

　　副总统先生、议长先生、参众两院各位议员：

　　昨天， 1941年12月7日，——我们必须永远记住这个耻辱的日子——美利坚合众国受到了日本帝国海空军突然的蓄意进攻。

　　美国和日本一直都是和平相处的，根据日本的请求，我们仍在同它的政府和天皇进行会谈，以期维护太平洋的和平。实际上，就在日本空军中队已开始轰炸美国瓦胡岛之后的1小时，日本驻美大使还向我们的国务卿提交了对美国最近致日方信函的正式答复。虽然复函声称继续现行外交谈判似已无用，但并未包含有关战争或武装进攻的威胁或暗示。

　　历史将会证明，夏威夷距日本这么遥远，表明这次进攻是经过许多天甚至许多个星期精心策划的。在此期间，日本政府蓄意以虚伪的声明和表示继续维护和平的愿望来欺骗美国。

　　昨天日本对夏威夷岛的进攻，给美国海陆军部队造成了严重的损害。我遗憾地告诉各位，很多美国人为此丧失了生命。

　　昨天，日本政府已发动了对马来西亚的进攻。

　　昨夜，日本军队进攻了香港。

　　昨夜，日本军队进攻了关岛。

　　昨夜，日本军队进攻了菲律宾群岛。

　　昨夜，日本人进攻了威克岛。

　　今晨，日本人进攻了中途岛。

　　……

　　作为陆海军总司令，我已指示，为了我们的防务采取一切措施。但是，我们整个国家都将永远记住这次对我们进攻的性质。

　　……

　　敌对行动已经存在。毋庸讳言，我国人民、我国领土和我国利益都处于严重危险之中。

　　信赖我们的武装部队——依靠我国人民的坚定决心——我们将取得必然的胜利，愿上帝帮助我们！

　　我要求国会宣布：自1941年12月7日——星期日，日本发动无端的、卑鄙的进攻时起，美国和日本帝国之间已处于战争状态。

　　罗斯福的演说历时仅6分钟，没有过多的渲染。然而，这次简单的演说比一战期间威尔逊于1917年要求国会对德宣战的演说分量要重得多，影响也深远得多。最终，参议院以82票对0票，众议院以388票对1票通过了罗斯福的宣战要求。

　　从此，美国正式参加了第二次世界大战。

→ 有一次，罗斯福家中失盗，丢了许多东西。一位朋友闻讯后，忙写信安慰他。罗斯福在回信中写道："亲爱的朋友，谢谢你来信安慰我，我现在很好，感谢上帝：因为第一，贼偷去的是我的东西，而没有伤害我的生命；第二，贼只偷去我部分东西，而不是全部；第三，最值得庆幸的是，做贼的是他，而不是我。"

第十八章　三巨头会议

　　我们不能总是为我们的青年造就美好未来，但我们能够为
未来造就我们的青年一代。

——罗斯福

（一）

　　美国的参战，令第二次世界大战形成了最后的阵营结构，它已成为西方两个最强大的民主国家——美国和英国——同社会主义的苏联结成公开宣布的或心照不宣的同盟所进行的联合战斗。

　　过去，这两种不同类型的国家之间积累的大量不信任情绪、偏见甚至敌意已被搁置一边，罗斯福、丘吉尔和斯大林面临着共同的对手。严峻的形势促使他们摈弃主义的偏见，协调战斗。

　　战争也给美国社会带来了一场巨大的变革，它无所不至地、不可抗拒地延展到美国社会的各个角落。一切的运转都围绕着战争胜利这一中轴，总动员开始了。

　　在战争期间，罗斯福"表现了掌握和控制十分紧迫的事态的高超才干，而这正是一位政治家最难能可贵的特点"，他显得有条不紊，镇静自若，神态庄重，不知疲倦而又满怀信心。

　　美国参战后，军火装备和后勤物资的需求量激增，无数民用工厂

都改装为生产军需物资的工厂，汽车工业几乎全部改为制造飞机、坦克、卡车、吉普车，其他轻工业则制造机关枪、步枪、雷管、炮弹，化工企业则生产炸药和梯恩梯。日夜运转的生产线吸纳了大量的就业者，自大萧条以来的顽症之——失业现象几乎完全消失了。

1941年圣诞前夜，华盛顿的节日气氛依旧。两天前抵达美国的英国首相丘吉尔正在参加罗斯福在白宫草坪上点燃圣诞树的仪式。同时，丘吉尔还发表了热情洋溢的圣诞演说。

次日，丘吉尔到达国会山，向两院联合会议致辞，作了他生平最伟大的演说之一。他指出，英美在未来的岁月里，为了人类文明的命运将庄严地并肩战斗。为唤醒议员们的亲近和认同感，首相说：

"我不禁想起：如果我的父亲不是英国人而是美国人，而我的母亲不是美国人而是英国人，那么，我很有可能凭借自己的力量成为诸位在座中的一员。"

顿时，雷鸣般的掌声经久不息。

丘吉尔此行的目的是同罗斯福举行一次"审议整个战争计划"的会议。于是，代号为"阿卡迪亚"的会议便在华盛顿召开了。

会议进展顺利，美英双方在许多重大问题上都达成了协议，并确认德国始终是最主要的敌人，打败德国是盟国的最首要任务，"先欧后亚"的战略不能改变；双方决定成立英美联合参谋长委员会，在太平洋地区建立英、美、荷盟军联合司令部，成立军需品分配委员会等5个联合机构，统筹盟国在军火、船运和原料等方面的经济活动；罗斯福还强调了苏德战场的重要性，并决定恢复援助苏联。

1942年元旦，美、英、苏、中等26个反法西斯国家的代表齐集白宫，签署了《联合国家宣言》。至此，不同社会制度、种族、信仰和语言的国家在战败法西斯的共同旗帜之下，实现了政治、军事和经济方面的空前大联合，以美、英、苏、中为主体的国际反法西斯同盟正式宣告成立。

（二）

自从珍珠港事件以来，罗斯福总统一直想敦促他的军事参谋部，要寻找机会轰炸日本东京，以此对此次偷袭事件做一次小小的报复。

1942年4月2日，新服役的"大黄蜂号"航空母舰载着陆军航空队第一流的飞行员、当年飞行速度世界纪录保持者詹姆斯·杜立德中校的机组人员，从旧金山起航。16架B—25轰炸机在经过改装后增设了油箱和假机尾机关枪，小心谨慎地滑落在飞行甲板上。

为了不被敌人发现，"大黄蜂号"穿过北太平洋风暴区，将在阿留申群岛和中途岛之间的一个指定地点同哈尔西海军中将的"企业号"汇合。这个被命名为"迈克特遣舰队"在阴沉的海面上向着九州海岸以西约966千米的起飞点破浪行进。

4月18日，杜立德率领的B—25式轰炸机群执行了对日本东京的空袭。这次空袭共摧毁了90座建筑物。就物质破坏而言，虽然价值不大，但对这个世代以为日本本土不会遭到攻击的民族来说，还是在他们的心理上引起了难以言状的震动。

这次空袭东京成功，使珍珠港事件以来感到颓丧的美军士气为之一振。这个行动也好像在展示美国即将采取进攻姿态了。

美国飞机对东京的成功空袭，致使东条英机一伙尤为恼怒，从而更加强了山本五十六要进攻中途岛的论据。他决心要打垮美国舰队。

6月4日，日美海军航空兵在珍珠港西北1825千米处的中途岛海域中展开激战，结果日军损失4艘航空母舰、330架飞机，美军损失1艘航空母舰和150架飞机。

这一战役也标志着太平洋战场的战略转折，丧失海军优势的日军由进攻开始转为防御，美军则开始由防御转为进攻。

双方在经过为期2个月的休整后，随即又爆发了一场历时半年的大战役——瓜达卡纳尔岛争夺战。拥有优势兵力和火力的美军取得了完全胜利，日本则充分暴露出国力有限、战线过长、海空军备不及美国力量雄厚等弱点。至此，日美两国的海军力量进一步发生变化，美国完全掌握了制海权和制空权。在"阿卡迪亚"会议期间，丘吉尔向罗斯福提出了关于在北非登陆的"体育家计划"。罗斯福当即表示赞同。

1942年7月25日，罗斯福正式批准了这一代号为"火炬"的行动计划，联合参谋长委员会任命艾森豪威尔为盟军北非远征军总司令。

11月8日，英美联军在卡萨布兰卡、阿尔及尔、奥兰三地登陆，其中进攻并占领卡萨布兰卡的是巴顿将军。随即，英美联军又占领了整个摩洛哥和阿尔及利亚地区，并直逼突尼斯城下。

次年春夏之交，盟军与德国"非洲军团"司令、"沙漠之狐"隆美尔统帅的德军在突尼斯展开激战。5月23日，25万德意军队被迫投降，盟军取得了二战以来最大的一次胜利。

北非的解放，也令地中海上的航路开始畅通，并可由此经苏伊士运河直达印度洋，使得从波斯湾增援苏联成为可能；并且，对丘吉尔所称的"欧洲柔软的下腹部"施加打击的道路也敞开了。

此外，它还彻底粉碎了德、日企图在中东和印度会师的狂妄计划。斯大林对北非战役的评价极高，他说：

"非洲的军事行动表明，战争的主动权转到我们盟军手中了，欧洲的占据也从根本上变得有利于英美苏同盟。它破坏了轴心国体系中的领导力量以及希特勒在德国的威信，从精神上瓦解了希特勒在欧洲是盟友，……它为打垮意大利和孤立希特勒德国创造了条件。最后，它为在更靠近德国的要害地区开辟欧洲第二战线创造了前提。而这对战胜希特勒暴政将具有决定性的意义。"

（三）

1943年的上半年，是大西洋海战的决定性时期，英美加强了对付德国"狼群"的手段。德国海军上将邓尼茨已渐渐感到力不从心，只能拼命督促建造新的潜艇，但仍然不能快速弥补损失。相反，英美两国用于对付德军潜艇的舰船和飞机的数目却增加了4倍多。

1943年6月，盟军在地中海开辟新的战场。艾森豪威尔将军出任地中海战场盟军总司令，英国的亚历山大元帅任进攻西西里岛的总指挥。

7月9日夜，巴顿将军率领的美军和蒙哥马利率领的英军共16万登陆大军开始行动，两天内就轻而易举地登上了西西里岛。在人数、装备和士气方面均明显处于下风的意大利军队顷刻间土崩瓦解，赶来救援的德军也很快被逼回意大利本土。接连惨败的意大利法西斯政权内忧外患，难以为续，轴心国同盟此时已显败势。

7月25日，意大利国王维克托·伊曼纽尔召见了墨索里尼，宣布他为"意大利最遭人痛恨的人"，随即以保护墨索里尼的安全为名将其拘禁。几天后，墨索里尼被送往荒无人烟的马达莱纳岛。

意大利新上台的政府由曾经征服埃塞俄比亚的彼得罗·巴多里奥元帅统领。1943年9月3日，巴多里奥政府与盟军签订停战协定，并于40天后对德宣战。这一行动，标志着轴心国的解体。

1943年，反法西斯同盟各国的雄厚经济潜力和军事潜力日渐发挥出明显的优势。苏德战场经过斯大林格勒和库尔斯克两次战略性胜利，歼灭了德军大量的有生力量，苏军在苏德战场上也完全掌握了主动权。

形势的转折给同盟国也提出了一系列的问题。罗斯福非常希望举行一次三国首脑会议，当面同斯大林就这些新的问题进行磋商。于是，他与丘吉尔联名致电斯大林，建议举行三国首脑会议，以便在"战争的关键时刻共同探讨整个局势"。几天后，斯大林复电表示，可先举行三国外长会议，随即同意在11月底举行首脑会议。罗斯福和丘吉尔迁就了斯大林，最终达成了在德黑兰召开会议的协议。

11月27日，罗斯福和丘吉尔乘坐飞机由开罗飞抵德黑兰参加会议，航程达2100多千米，随行70多人。此次会议也吹响了战略反攻的号角，为夺取反法西斯战争胜利进行了必要的思想准备和组织准备。

第一次会议于11月28日下午4点举行。斯大林和丘吉尔共推举罗斯福总统主持第一次会议。德黑兰会议的大部分时间都是讨论军事问题。在"三巨头"分别介绍了各自战场的情况后，便集中讨论了斯大林所要求的迅速开辟第二战场的问题。经过反复协商，终于确定在1944年5月开辟欧洲第二战场。这是德黑兰会议关于军事问题的一个重要决定。罗斯福在这个问题上支持斯大林的意见。

在会上，罗斯福对战后国际组织的构成也进行了很具体的设计。他在一张纸上画了3个圈：中间的一个圈标明"执委会"，右边一个圈标上"4个警察"，左边圈上写着"40个联合国家"。这一构思就是以后联合国的安全理事会、4个常任理事国和联合国大会。斯大林对罗斯福提出的监视和平的"4个警察"概念表示很感兴趣。

会谈中还讨论了在德国失败后肢解德国的计划，西方领导人还表示默许苏联继续占领波罗的海国家。这些国家是在1939年加入苏联的。

德黑兰会议从1943年11月28日一直开到12月2日。在忙忙碌碌的4天当中，罗斯福同丘吉尔和斯大林在会议桌上和吃饭时都在进行着磋商，又单独同斯大林会谈过几次。

德黑兰"三巨头"会议，确如丘吉尔所言，是人类历史上一次无与伦比的物质力量和政治权威的大汇合。1943年圣诞前夜，罗斯福在"炉边谈话"中回顾了这次旅行。他说：

"用一句美国式的、不怎么合乎法语的口头语来说，我同斯大林元帅可以说是'相处得不错'。他是一位具有坚定信念、不讲情面而又性格爽朗的人。我认为，他是俄国精神的真正代表；我认为，我国的同胞同他和俄国人会相处得非常好。"

在另外一个场合，罗斯福还评价此次会议说：

"我认为这次会议很成功，并且我确信它是一件历史性的事件。它表明：我们有能力共同战斗，更能够在融洽的气氛中和平地工作。"

第十九章　四入白宫

　　没有书籍，就不能打赢思想之战，正如没有舰就不能打赢海战一样。

——罗斯福

（一）

　　在1944年的整个春季，盟军在英格兰南部大规模地集结兵力，使"这个岛由于它所负载的兵力和物资重量似乎快要沉没了"。

　　6月6日凌晨，盟军乘比较有利的潮汐和月光横渡英吉利海峡，出其不意地在诺曼底地区登陆，随后顽强地巩固了滩头阵地，并向纵深推进，登陆部队达30多万人。

　　登陆战役一直持续到7月24日，最终盟军以惨痛的代价取得了胜利。这场世界战争史上规模最大的两栖登陆战役得到了斯大林的高度评价。他在答《真理报》记者提问时说：

　　"（诺曼底登陆）计划之周密、规模之宏大和行动之巧妙，在战争史上未有先例，……它将会被作为最伟大的业绩而载入史册。"

　　从1943年夏季起，美军就开始向太平洋中部和南部各个岛屿发起进攻。麦克阿瑟将军和威尔金森海军少校不约而同地设计出了"蛙跳战术"，即绕过日军主要据点，切断它们相互之间的交通线，并用海、空实力将其封锁起来，让驻守的日军"枯萎在蔓藤上"。

到1944年夏，美军接连攻占了杰尔伯特群岛、马绍尔群岛、新几内亚岛和马里亚纳群岛等。8月10日，美军又占领了被日本称为"海上长城的心脏"的关岛，突破了日本在太平洋上的内防御圈。日本面临着本土与南方交通线被切断，美国将直接在菲律宾、中国台湾和日本本土登陆的危险。

7月20日，东条英机内阁被迫辞职，由小矶国昭出任日本首相。同日，柏林的一间会议室里的一枚炸弹险些要了希特勒的命。

而巧合的是，同样也是在这一天，罗斯福第四次被提名竞选美国总统。十几年来超负荷的工作，令罗斯福的健康状况明显下降。心力交瘁的罗斯福有时会迷糊在办公桌上，有时又明显流露出不愿意过问政事的表情。

从德黑兰回来后，罗斯福的身体更加衰弱。1944年3月，他患了6个月的严重支气管炎，并住进贝萨斯达海军医院。医生发现，罗斯福的心脏扩大，血压很高，患有动脉硬化和高血压症。遵照医生的嘱咐，罗斯福将吸烟量从每天的两包减少为一包，同时还减轻了体重，这让他看起来显得苍老而憔悴。

政治年轮又转到了1944年的总统大选年。这一次，罗斯福确实渴望能停下来休息了。他写信给民主党全国委员会主席罗伯特·汉尼根说：

"我的灵魂总是在召唤我回到赫德逊河畔的老家去。"

但是，一份有6000多名炼钢工人签名的请愿书却对总统说：

"我们知道您很累，但我们没有办法，我们不能让您退职。"

另一封信更是深深地震动了罗斯福的内心，信中写道：

"当今世界忧患重重，请不要撇下我们不管。上帝将您放在世界上的这个地方，就是要您做我们的北斗星。"

罗斯福的内心波澜起伏：险恶的战争已经曙光在前，但战后国际风云必将诡异莫测，所有同时代的人都远不及我那般洞悉美国政府或世界政治，军事策略和盟国外交都是我经手操办的，何况那个寄托着威尔逊式梦想的联合国尚在未定之天，历史将在我身后对我作出怎样的评价呢？……

7月18日，民主党全国代表大会在芝加哥召开，罗斯福此时正在圣迭戈，打算从那里乘船前往珍珠港，同尼米兹和麦克阿瑟商讨今后太平洋的战略。大会首轮投票选举就通过了对罗斯福的提名，但在副总统的候选人却起了争论。鉴于罗斯福的健康问题已经有目共睹，许多代表认为选择一个竞选伙伴就等于是选择了一个下届总统。

由于广泛的反对，罗斯福才勉强舍弃了现任副总统华莱士，尔后艰难而又让人意外地从3名人选中选定来自密苏里州的参议员、谦虚平实而又性情暴躁的哈利·S·杜鲁门。

（二）

依据4年前的启示，共和党选出了一位温和而富有才智的候选人——年仅42岁，却已有10年纽约州州长经验的托马斯·杜威。

杜威开始在全国巡回演说，他既不攻击政府的外交政策，也不攻击罗斯福的社会目标，而是反复强调现政府是一群"累坏了的老头子"；他还提出罗斯福政府和临时机构经常发生口角、争吵和不合体统的钩心斗角。这两点的确让人难以反驳。

而罗斯福为了让选民们对他的健康状况放心，请医生为他开具了一张公开的健康证明书，证明"他的器官毫无毛病，完全健康。他每天都担负非常繁重的工作，但他完全能够胜任，精力过人"。

在随后的两周里，罗斯福又前往费城、芝加哥、波士顿，最后又返回海德公园发表演说。在整个竞选过程中，细心的民众不难发现，他们的总统的确苍老了：拿着演说稿的手不时颤抖，机智和诙谐明显少了，有时还会出现意外的停顿或含混。

不过，在答复共和党对他的诽谤时，罗斯福还是作出了被许多撰稿专家认为是他政治生涯中最精彩的演说：

> 好啦，我们又在一起了——这是在4年之后——这4年会是什么样的年头啊！我的确老了4岁——这似乎让某些人感到恼火。其实，自从1933年我们开始清除堆积在我们身上的烂摊子的那个时候算起，我们千百万人都老了11岁。

平易近人的演说引起了听众深深的共鸣，一下子将大家拉回到大萧条与新政的时代，轻描淡写地打发了对他这个"累坏了的老头子"的谴责。

1944年11月7日，罗斯福以选举人票132票对杜威的99票，选民票以2560万票对杜威的2200万票，再度获胜。

1945年1月20日，罗斯福第四任总统的就职典礼仪式在白宫举行。公开的理由是：战时不应搞铺张排场。但不少人都清楚：罗斯福总统已经衰弱得没有力气经过宾夕法尼亚大街这条长长的游行路线去参加就职典礼了。

1月6日，罗斯福向第七十九届国会提交了1945年度国情咨文，为那倾注了他极大心血的联合国组织呼吁支持和理解。他说：

"持久和平赖以为基础的国际合作并不是单行道。……1945年这新的一年，可以成为人类历史上成就最大的一年。这一年可以看到法西斯纳粹恐怖统治在欧洲的结束，可以看到讨伐大军紧缩对帝国主义日本邪恶势力中心的包围。最重要的是——1945年可以看到，而且必然看到世界和平组织的实质性开端。"

令人们扼腕叹息的是：这一切在几乎人人都可以立即看到的时候，它们最主要的缔造者却没能够看到。

即便是在战争相当紧迫时，罗斯福也没有将战争与和平这两大主题分开考虑，尤其是没有回避有关战后世界的安排问题。从过程来看，罗斯福在处理这些重大事务时显得轻松自若，以致有时显得随意而乱套，战后一些美国的批评家在这点上对他多有指责，说罗斯福过于天真而不现实，对斯大林让步过多。如果罗斯福能通过更为现实主义的态度对待斯大林，就能遏制苏联的扩张。

但事实上，这些批评都不同程度地有失偏颇，或显得意气用事。能够超越或透过弥漫的战争硝烟而将目光定格于战后的世界格局，能够为那个寄寓他的理念和希望的世界和平组织奔走呼号，甚至呕心沥血，并使之初具雏形，已经充分表明身负重任而深谋远虑、于艰难时世而前瞻和平者，非罗斯福莫属。而这些批评者，只是看到了罗斯福的行事风格，却忽略了有许多罗斯福无法控制的趋势或事因而促成的那些事实。

（三）

1945年1月9日，声势浩大的美军在菲律宾登陆，向马尼拉推进。在这期间，美国的B—29重型轰炸机频繁地空袭日本本土，加速了日本战争经济的崩溃和日本帝国主义的失败。

在欧洲战场上，苏军也在1945年初将德军赶回柏林地区，波兰和东欧的大部分已经解放，西线德军在阿登地区的反扑也被彻底摧毁，意大利战区的盟军正计划北进。三面受敌的德国失败已成定局。

这时，战时同盟国之间的猜忌、矛盾和利益冲突伴随着胜利的即将到来也随之加大。罗斯福多次建议尽早举行三国首脑会议。在征得对方同意后，罗斯福与斯大林就会议举行的地址问题在频繁的电报中来回协商多次。斯大林最大的让步是在苏联南部的黑海海滨雅尔塔举行会议。这就意味着：身体极其衰弱的罗斯福又要远渡重洋——先需要为期10天、7858千米的海上航行，再飞行2213千米，然后才能到达满目疮痍、卫生条件和其他设施极差的雅尔塔。对此，丘吉尔抱怨说，即使我们花10年时间去寻找，也找不到比雅尔塔更糟糕的地方——那里只对斑疹、伤寒和要命的虱子有利。

1月23日，罗斯福乘坐"昆西号"巡洋舰横渡大西洋。途中，船上的人员为总统举行了63岁生日欢庆会。

雅尔塔会议从1945年2月4日一直开到2月11日，它是盟国在战时所有9次会议中争论最为激烈的一次，在协调盟国最后战胜德、日法西斯的战略计划方面卓有成效，对战后世界格局的形成和大国势力范围的划分有重大关系，也为战后冷战和国际间的纷争播下了某些种子。

雅尔塔会议还有一项关于远东问题的秘密协定，这是由罗斯福和斯大林两人商定的，事后让丘吉尔参加了签字。在罗斯福的外交活动中，最受攻击的就是他参与制定了这个秘密协定。这是罗斯福与斯大林之间的一次秘密交易。作为提出协定的目的——迅速打败日本，这是正确的；然而作为达到目的手段——背着盟国和中国、侵犯中国的利益和主权，则是荒谬和错误的。

协定以明确的语言规定"在德国投降及欧洲战争结束后2个月或3个月内，苏联将参加同盟国方面对日作战"的三个条件：

一、维持外蒙古（蒙古人民共和国）现状。

二、恢复1904年日本进攻时所破坏的原属俄国的各项权益，即：将库页岛南部及邻近一切岛屿归还苏联；大连商港国际化，保证苏联在这个港口的优越权益，恢复租借旅顺港为苏联海军基地；设立中苏合营公司，对通往大连的中东铁路及南满铁路进行共管，保证苏联的优越权益，而中国保持在满洲的全部主权。

三、千岛群岛交予苏联。

这一协定在签字时，中国方面毫不知情。作为参加世界反法西斯战争的盟国、被列为"四大国"之一的中国，当以它的主权和利益为对象的讨论时，却被排斥在外。直到杜鲁门总统执政后，才通知中国外交部长宋子文有这样一个协定。这是对中国主权和利益的践踏，事实上这也正是大国强权政治的丑恶表现。

在罗斯福政治生涯的晚期，他的一个突出的政治思想，就是战后世局由美苏两家说了算，《雅尔塔协定》就是一个例证。尽管罗斯福在与斯大林谈判时一再表示他不能代表中国，但事实上他还是扮演了越俎代庖的角色。

第二十章 最后的假期

所有人民都应该享有四大自由——言论自由、信仰自由、免于匮乏的自由和免于恐惧的自由。

——罗斯福

（一）

雅尔塔之行对健康状况每况愈下的罗斯福来说，简直就是雪上加霜。孜孜于自己的规划和理想的罗斯福，似乎在与已经不多的飞逝的时光赛跑。在"三巨头"分手的前夜，斯大林在宴会上提议为美国总统罗斯福的健康干杯。他说：

"我和丘吉尔先生在我们各自的国家里，相对来说，下决心比较简单，因为这两个国家都是为它们自身的生存而同希特勒德国作战。这里有第三个人，他的国家未曾受到侵略的严重威胁，也没有濒临直接的危险，他多半出于对国家利益的更广泛考虑，成为导致全世界动员起来以反对希特勒的种种手段的主要锻造者。"

罗斯福回答说：

"我们这些领导人在这里的目的，就是要给这个地球上的每一个男人、妇女和儿童以安全和幸福的可能。"

2月28日，经过十几天的奔波劳碌，罗斯福终于回到了华盛顿。

3月1日，罗斯福出现在国会大厅。这么多年来，他第一次也是最后一次被迫坐着向议员们发表演说。他请求大家理解，并解释说：

"这对于我要比不得不在我两条腿的下部带上差不多4.5千克的钢架要方便得多。另外，我刚刚旅行了22530千米归来。"

总统的容貌令在场的人感到震惊，他们一眼就看出他"十分明显地健康恶化"：他吐词含混不清，念讲稿时也结结巴巴，时而停顿，时而插入一些无关的枝节问题；他的右手颤抖，艰难地用左手翻读讲稿；他灰蓝色的眼睛看上去有些迷蒙……

但是，当罗斯福在描述雅尔塔会议的成就，并要求国会接受"永久性的和平结构"——联合国时，他的脸上再次重现了激情，语调也变得昂扬慷慨，往昔那种站在讲坛上的状态再一次恢复了。

这年的3月，天气异常闷热，白宫办公室里堆满了等待总统处理的文件，许多人都在等候谒见总统。白天，罗斯福忙着会见客人；晚上，他还要加班批阅大量的文件。夜以继日，他独自坐在椭圆形的办公室里埋头工作。年轻的秘书奥格登少校有时送来重要文电要等上好长时间，因为总统沉浸在高度集中的思考状态中，迟迟认不出他来。

奥格登站在一旁端详着这位坐在那张堆着一叠叠文件的桌子后面的人物，心中百感交集。他感到总统似乎一天天地变得疲乏衰颓、迟钝木然，好像他那宽阔的肩膀上压着千斤重担似的。

保健医生麦金泰尔要求给总统减少工作，以便他能够松弛一下绷紧的神经，总统夫人埃莉诺也附和着发出焦虑不安的抗议，但一点儿用也没有。罗斯福感到，比起正在以排山倒海之势席卷德国的艾森豪威尔部队的士兵们来，或比起那些冒着枪林弹雨战斗在硫磺岛礁岩上的海军陆战队员们来，自己就更没有理由休息了。为了赢得战争，有多少人牺牲了，有多少朋友和同事病倒了。想到这里，他的心情就异常沉重。他不止一次地对周围的工作人员说："我痛恨战争，我热爱和平。但是，为了和平，必须要敢于作出牺牲啊！"

161

（二）

随着总统的健康状况愈来愈坏，麦金泰尔医生非常着急。后来，他与总统夫人一块邀请了几位外交使团的朋友帮着说情。

加拿大大使麦卡锡是罗斯福总统的一位好朋友，以前他经常陪罗斯福去温泉休养。于是，他找到罗斯福，对总统说：

"如果能好好到温泉休息一个月，会让你快速恢复活力，更加精神饱满地工作。你要从长远考虑啊！"

"那么长时间可不行！"罗斯福说，"不过，我打算在4月份去旧金山之前，先到温泉去待上两三个星期。"

就这样，在众多好友的劝促下，罗斯福终于在耶稣受难日3月30日这天离开了白宫。

4月初的佐治亚温泉草长莺飞，阳光明媚，山坡上开满了各种各样的野花。置身于这里的罗斯福似乎恢复得很快，也开朗起来。这里的邻居们还在一棵老橡树下为总统举行了一场烤全猪的露天聚餐。而后，罗斯福坐在那里欣赏四周的景致。

每天都会有电报和邮件送来，里面主要是前日或当日的报纸以及需要总统批阅的文件。此时，各大战场频繁传来捷报：攻占马尼拉市后的美军乘胜扩大战果，琉璃岛在3月底已被攻克。4月1日，规模浩大的冲绳战役开始，几乎绝望的日军拼死守护着日本本土的最后一道屏障。这一系列的消息都让罗斯福感到精神振奋。

这几天罗斯福一直在考虑4月13日要发表的那篇演说稿，那是为纪念民主党的精神之父托马斯·杰斐逊诞辰202周年的集会而准备的，届时全国都将通过广播收听到罗斯福的声音。其中有一段话是这样写的：

"今天，我们面临的突出问题就是：文明如果能够幸存，就必须培植或促进人类关心良好发展的科学——各种民族能够在同一个地球和世界上和平地一起生活、一起工作的能力。"

4月12日这天，罗斯福还在演说稿的末尾加上这样一句话：

"我们要怀着坚强和积极的信念前进。"

这也是罗斯福在生命中所写下的最后一句话。

4月12日，温泉天气晴朗，阳光明媚。中午时分，罗斯福年轻时的一位好友露西·拉瑟弗德夫人乘坐一辆旅行车携同著名女画家伊丽莎白·肖马托夫前来为总统画像。

罗斯福穿戴整齐，神定气闲地坐在皮扶手椅上，与露西和伊丽莎白聊天。护士萨克利小姐在一边守护。

下午1时，罗斯福系着哈佛红领带，摆好姿势，准备让画家为他画像，期间他还不时地拿过一份文件审阅。

一刻钟后，当画家正在紧张工作时，护士突然发现总统的头在前倾，双手也在藤椅上乱摸。她和露西急忙走到他跟前，跪在地上，抬头望着他的脸问道："您是不是想吸烟？"

罗斯福望着露西的眼睛，轻声地说出了最后一句话："我头痛得厉害。"他举起手想要捏一捏太阳穴，可话一说完，他的手臂就无力地垂了下来，头也垂到了左胸前……

护士和露西急忙跑到外面打电话，叫布鲁恩医生速来总统的别墅。总统的贴身男仆和服务员也急忙跑到起居室，将不省人事的罗斯福从椅子上扶起来，抱到旁边的一间卧室里。

罗斯福浑身发凉，但却出了很多汗。大约几分钟后，布鲁恩医生来了。他立即确诊总统是患了严重的脑溢血，并采取了急救措施。但罗斯福始终没有苏醒过来，整个别墅都可以听到他那紧张而急促的呼吸。

下午3时35分，经抢救无效，罗斯福总统停止了呼吸。

（三）

4月12日下午5时47分，全美三大通讯社向海外发出美国总统罗斯福逝世的电讯。7点9分，哈利·杜鲁门由首席大法官哈兰·斯通主持宣誓就职，成为美国第三十三任总统，地点是在白宫内阁的会议室。

罗斯福总统的遗体被运回华盛顿后，并没有像以前的林肯总统和后来的肯尼迪总统的遗体那样，安放在国会大厦圆形大厅供人们瞻仰。他生前不希望这样做，他的遗愿得到了尊重。

但是，白宫外面还是聚集了黑压压的人群，其实也没什么可看的，人们也没打算能看到什么，他们只是默然地伫立着，若有所失。美国人纷纷停下手中的活计，脑子空洞而又茫然。泣不成声的人们不仅为引导了他们12年之久的总统哭泣，更是在为自己失去了这种依托后无法预期和把握的前途哭泣。

即便是那些曾经反对过罗斯福或与他有过宿怨的人也蓦然发现，当一切顿成往事时，自己同总统竟然隔得如此之近！罗斯福的强硬对手罗伯特·A·塔夫脱动情地说：

"盖棺定论，他是个战时英雄。他为了美国人民确实是鞠躬尽瘁，死而后已。"

富兰克林·罗斯福逝世的消息迅速传遍了全世界，反法西斯国家的人民都沉痛地悼念这位伟大的总统。斯大林、丘吉尔和其他国家的领导人都纷纷发来唁电，表彰这位伟大的政治家在反法西斯战争中所作出的杰出贡献。

丘吉尔在他的回忆录中写道：

"关于罗斯福总统，我们可以说：如果他当时没有采取他实际上采取的行动，如果他心中没有感受到自由的汹涌波涛，如果在我们亲身经历过的极端危难时刻，他没有下定决心援助英国和欧洲，那么人类就会陷于可怕的境地，在若干世纪之内人类的整个前途就将沉沦于屈辱和灾难之中。"

在唐宁街10号，当丘吉尔接到这一个噩耗时，顿时感到"挨了一记重击"，感到一种深重得无法置换的损失降临了。几天后，丘吉尔首相在圣保罗大教堂罗斯福的追悼仪式上失声痛哭。

4月14日上午10时，海军陆战队、坦克部队、陆军和各兵种的女兵护卫着覆盖着黑丝绒和星条旗的灵车穿过华盛顿的街道。6匹白马拉着载有灵柩的炮车，车后是一匹孤独的乘马，戴着眼罩，马蹬倒悬，垂挂着一柄剑和一双马靴——象征着勇士已经撒手人寰。

下午4时，总统的祭奠仪式在白宫东大厅举行。罗斯福生前用过的轮椅，赫然摆在祭坛的旁边。

当新任总统杜鲁门走进东大厅时，人们竟然忘记起立。这种仪式上的疏忽连杜鲁门自己也没有意识到，或许即便意识到了，他也能理解在场的人还不能将他同那崇高的职位联想在一起。他们所想到的，是他们的总统去世了。然而，当罗斯福夫人出现在东大厅门口时，所有的人都起立了，然后缓缓退出大厅。一袭黑纱的埃莉诺终于独自与丈夫待在一起了。她极力控制着自己的感情，轻抚了丈夫的脸颊，然后将一束玫瑰放在灵柩之中，灵柩从此封盖起来。

次日一早，载着灵柩的炮车和骑乘沿着陡峭的山麓攀援而上，到达罗斯福宅第所在的小山丘上。在那被高大的铁杉树和篱笆密密围着的玫瑰园中，亲人、朋友、仆人和士兵们肃立在墓穴四周。西点军校的学员组成的仪仗队鸣枪，向这位伟大的总统作最后的致敬。

上午10时许，富兰克林·德拉诺·罗斯福复归大地。

富兰克林·罗斯福总统虽然没有亲眼看到反法西斯战争的最后胜利，虽然没有让画家完成他那所希望的水彩画像，但是，他也可以死而无憾了。

在他逝世25天后，作恶多端的德国法西斯宣布无条件投降；在他逝世3个多月后，日本法西斯也宣布无条件投降。他的画像虽然没有完成，但他在世界人民的心中树起了一座丰碑。全世界所有爱好和平的人民，都将永远怀念他在这一伟大战争中所作出的历史功绩……

罗斯福生平大事年表

1882年1月30日　富兰克林·德拉诺·罗斯福出生在美国纽约州的海德公园村。

1885年　随父母第一次去欧洲。

1887年　跟随父亲到白宫拜见克利夫兰总统。

1890年　开始集邮，这一习惯成为他终生的爱好。

1896年　进入格罗顿公学就读。

1898年　美西战争爆发，欲与同学逃学前往波士顿参军，未遂。

1900年　从格罗顿公学毕业，9月进入哈佛大学就读。12月，父亲詹姆斯去世。

1901年　远房堂叔西奥多·罗斯福成为美国第二十六任总统。罗斯福以出色的表现被选为哈佛的编辑。

1904年　从哈佛大学毕业，秋季入哥伦比亚大学就读。

1905年　与远房堂妹安娜·埃莉诺·罗斯福结婚。

1907年　从哥伦比亚大学退学，没有拿到学位证，通过纽约律师资格考试，进入一所著名的律师事务所。大儿子詹姆斯出生。

1910年　当选为纽约州参议员。儿子埃利奥特出生。

1911年　前往纽约州府奥尔巴尼就任参议员，举家随往。

1912年　为威尔逊获得民主党总统候选人提名奔走呼号，引人注目。

1913年　威尔逊出任美国第二十八任总统，罗斯福被任命为助理海军部长，表现出色。

1914年　第一次世界大战爆发。竞选联邦参议员，失败。

1920年　被提名为民主党副总统候选人，辞去海军部工作，投入竞选，但被哈定·柯立芝击败。

1921年　成为普通公民，重操律师旧业。8月，在芬迪湾坎波贝洛游泳时突患脊髓灰质炎，致使下肢瘫痪。

1924年　病情好转后，在纽约民主党全国代表大会上露面。

1927年　出资成立医疗小儿麻痹症患者基金会，在佐治亚温泉建立小儿麻痹症患者水疗中心。

1928年　宣布接受纽约州州长候选人提名，并赢得州长职位。

1929年　正式出任纽约州长。10月24日，纽约股市"黑色星期四"，经济大危机开始。

1930年　连任纽约州长。

1932年　被民主党推举为总统候选人，以极大优势战胜在任总统、共和党候选人胡佛。

1933年　出任美国第三十二任总统。开始实施第一次"百日新政"。

1935年　提出实施加强社会改革的第二次新政，并取得明显的效果。

1936年　击败艾尔弗雷德·兰登，第二次竞选成为美国总统，继续实行新政。

1937年　第二次就任美国总统。

1938年　要求国会批准陆海军的额外拨款。国会根据罗斯福的要求，通过了10年建造军舰115万吨的《文森海军扩军法》。

1939年　向希特勒和墨索里尼发出信件，要求他们不对31个国家发动侵略，遭到希特勒的嘲讽。同年，第二次世界大战爆发，美国宣布全国处于紧急状态。

1940年　战胜共和党总统候选人温德尔·威尔基，第三次当选美国总统。

1941年　向国会提交租借法案，获得通过。与丘吉尔举行大西洋会议，发表《大西洋宪章》。日军偷袭珍珠港。次日，罗斯福宣布美国对日宣战。

1942年　26国在华盛顿签署《联合国家宣言》。美国制定出"曼哈顿计划"，并首次轰炸东京。

1943年　与丘吉尔在卡萨布兰卡会晤，制定欧洲战略。"三巨头"召开德黑兰会议。

1944年　击败共和党总统候选人托马斯·杜威，第四次当选为美国总统。

1945年　参加雅尔塔会议，商议战后世界安排等事宜。4月12日下午3时35分，富兰克林·德拉诺·罗斯福因脑溢血在佐治亚温泉去世，终年63岁。遗职由副总统杜鲁门接替。